ELBA TORRES

¡Ay Bendito!

First edition

This book was professionally typeset on Reedsy.
Find out more at reedsy.com

Contents

Prólogo

"Mi misión en la vida no es solo sobrevivir, sino prosperar"
- Maya Angelou

Es ahora que estoy aprendiendo sobre la importancia de evaluar algunas de mis experiencias para asegurarme de haber aprendido todas las lecciones necesarias. Ha sido un largo camino de sanación; excitante, abrumador, triste y alegre. Un verdadero proceso de vulnerabilidad.

No fue hasta hace poco que comencé a contemplar la idea de escribir. Esto resulta ser una idea descabellada para una persona común y corriente. Recuerdo una vez que tuve que escribir una cronología de eventos que tuvieron lugar durante un año, para mi trabajo. Tuve que escribir esa historia y lo hice lo mejor que pude. Siempre me ha gustado escribir pero nunca lo visualicé como una carrera. Mi supervisora inmediata revisó el documento, hizo unos pequeños ajustes y me felicitó por haber hecho tan buen trabajo. Para mi sorpresa, comencé a recibir elogios de parte de otros miembros del equipo directivo, personas que se ganan la vida escribiendo. El último elogio vino del propio director. Estaba contento con el documento, supongo que por motivos de trabajo, pero también se tomó el tiempo de decirme cuánto había disfrutado la forma en que había escrito la asignación. Esto me tomó por sorpresa y ciertamente me impactó lo suficiente como para querer escribir más. De repente convertirme en una escritora no era una idea tan loca.

También quiero traer a la luz a algunas personas en mi vida que ya no están aquí. A medida que voy madurando, anhelo escuchar historias y anécdotas de quienes me precedieron. Sus historias valen la pena ser contadas; me uno a todas las *Griots* de nuestra familia. De camino, comparto algunas nuevas experiencias que me han traído hasta aquí. Desperté...

> *"Convertirse en escritor es tomar consciencia" - Anne Lamott*

Dedicatoria

Este libro está dedicado a mis padres, ***Pita y Sixto***, (mis ángeles de la guarda ahora). Ellos me enseñaron a amar, a soñar, a luchar por la justicia y a poner el cien por ciento en todo lo que hago.

A mi amada hermana ***Yolanda***, en verdad mi mejor amiga, y a mi amado sobrino, ***Gabriel***. Ellos son parte integral de mi vida. Soy una mejor persona gracias a ellos.

A mi amado amigo/hermano, ***Iván***; siempre ahí cuando más lo he necesitado, y a mis amadas amigas/hermanas, ***Ibet y Gla***. Con ustedes tres siempre puedo ser yo.

Por último, le dedico este libro a mi amado hijo, ***Andrés***. Desde su llegada a este mundo ha llenado mi vida de amor y de gozo.

Ustedes me han inspirado a escribir mis historias.

Reconocimientos

Comencé este proyecto hace 12 años y los toques finales fueron dados durante una pandemia mundial. Covid-19 hizo que este desafiante viaje fuera aún más difícil, sin dudas. Primero tengo que agradecer a mi hijo, Andrés y a su esposa, Michelle, por brindarme un hogar durante este momento tan difícil. Gracias a ellos pude completar mi proyecto. Estaré eternamente agradecida.

Al comienzo de este viaje sabía que tenía que aceptar la vulnerabilidad del proceso. Esto no siempre fue fácil; pero tuve muchas almas que se pusieron en mi camino para ayudarme. Algunas de estas almas son parte de mi mundo físico y algunas son parte de mi energía espiritual. ¡Qué agradecida estoy por esto!

Finalmente, debo agradecer a la editora, Edna Fernandez. Ella fue el primer par de ojos profesionales en mi trabajo. Me ayudó a hacer realidad este aterrador proceso.

Alejandro

El día después de que nació nuestro hijo, un médico entró a mi cuarto para decirme que algo andaba mal con nuestro bebé. Mi perfecta criatura se tornaba azul cada vez que era alimentado. Al principio, no entendí lo que estaban tratando de decirme. El médico nos dijo que necesitaban realizar algunas pruebas para determinar la causa. Mi bebé tenía menos de un día de nacido y ya se dirigía a la sala de operaciones para un cateterismo. Mi esposo y yo teníamos 20 años en ese momento. ¡Imagínense! Éramos tan ingenuos acerca de tantas cosas y definitivamente no estábamos preparados para esto. Llamé a mis padres y mi esposo llamó a su familia; queríamos escuchar de alguien mayor, más sabio. Tal vez estábamos buscando a alguien que nos dijera que todo iba a estar bien, que no teníamos que preocuparnos. Después de una larga espera, nos reunimos con los médicos y nos dijeron que nuestro hijo había nacido con una enfermedad del corazón: *transposición de los grandes vasos.* El joven doctor hizo lo mejor que pudo para explicar lo que esto significaba. Vimos varios dibujos y hasta un corazón de plástico que utilizó para explicarnos que la aorta y la arteria pulmonar de nuestro hijo estaban invertidas. El corazón de Alejandro no estaba recibiendo suficiente sangre oxigenada, provocando su cianosis (color azulado). Hubieron mil preguntas: ¿Qué debemos hacer? ¿Es ésta una condición común? ¿Por qué nació con esto? ¿Hicimos algo para causar la condición? ¿Cuánto tiempo vive una persona después de ser diagnosticado? ¿Podrá vivir una vida normal? ¿Podrá vivir?

No recuerdo haber llorado... tal vez era tan inmadura que confiaba en que podrían solucionar el problema. La operación era inminente, pero este tipo de intervención no existía en Puerto Rico cuarenta años atrás. Los médicos nos dijeron que lo mejor sería esperar hasta que Alejandro tuviera por lo menos cuatro meses para realizar el procedimiento. Mientras tanto, nos dijeron que lo lleváramos a la casa. Nunca había sentido tanto miedo. Queríamos llevarnos a nuestro bebé a la casa, pero eso significaba que tendríamos que aprender a amarlo de manera diferente. Teníamos a esta hermosa criatura frente a nosotros pero sentíamos miedo de cómo manejarlo. Lo cuidamos hasta que llegó el momento. Nuestro plan de salud cubrió la operación pero tuvimos que hacer una colecta para financiar todos los demás gastos. La respuesta fue abrumadora. Recibimos donaciones de diferentes tipos: dinero, ropa de bebé, rosarios especialmente bendecidos y muchas oraciones. Gracias, (ustedes saben quienes son). Uno nunca olvida algo así.

Nos preparamos para el viaje que comenzó con un vuelo al Aeropuerto Internacional JFK y de ahí nos transferimos a otro vuelo hacia Buffalo, N.Y. La hermana de mami, Titi Ney, que vivía en Nueva York, vino a vernos antes de que viajaramos a Buffalo. Mi tía llegó al aeropuerto y me trajo una blusa. Esto me pareció algo extraño. Ahora, luego de tantos años, creo que sé porqué lo hizo. Mi esposo y yo estábamos vestidos de manera muy informal; tal vez quería que diéramos una mejor impresión cuando llegáramos al hospital. Si ella hubiese sabido que en ese momento lo menos que nos preocupaba era la forma en que estábamos vestidos... pero aquellos eran otros tiempos. Me sentí juzgada y ese sentimiento me acompañó durante muchos años. Ahora entiendo que Titi Ney me estaba preparando, protegiéndome de la única manera que podía. Ahora puedo reconocer ese gran gesto de amor. También apreciamos que se tomó el tiempo de esperar en el aeropuerto con nosotros hasta que despegó el vuelo de conexión. No lo sabíamos, pero estábamos nerviosos y sin idea acerca de lo que nos esperaba. El ajuste resultó ser más difícil de lo previsto.

Una trabajadora social del Hospital de Niños en Buffalo nos recibió en el aeropuerto; ella se encargó de todo. Al día siguiente nuestro hijo fue operado de corazón abierto; la intervención fue un éxito. Nos quedamos en Buffalo durante casi un mes hasta que nos dieran el visto bueno para que Alejandro pudiera ser trasladado a otro lugar, y sobre todo a viajar. Pasamos la Navidad allí: recuerdo el clima frío, ver nieve por primera vez como adulta y cómo nos hicieron sentir bienvenidos y un poco menos tristes por estar lejos de nuestro hogar en tiempo de fiestas. La Navidad en Puerto Rico está llena de música; un constante compartir con familiares y amigos, luces, parrandas, y el calorcito. Como Alejandro era tan pequeño y había pasado por un procedimiento tan delicado, no podía ser expuesto al público. Recibimos instrucciones muy específicas para los primeros meses después de la operación. Hace cuarenta años, la *transposición de los grandes vasos* no era operable; lo que hicieron en Buffalo fue un procedimiento para permitir que entrara más sangre oxigenada en el corazón de nuestro hijo, hasta que estuviera lo suficientemente fuerte como para tolerar más operaciones. En ese momento supimos que el futuro de nuestro hijo estaría lleno de hospitales, citas médicas y más cirugías. La primera vez que vimos a Alejandro después de la cirugía estábamos tan felices y sorprendidos... ¡Tenía los labios rosados! Ya no se veía azulado... en ese momento respiré aliviada. Ahora todo lo que podíamos hacer era esperar y mientras tanto, amarlo con todas las fuerzas de nuestro corazón.

Este periodo fue complicado, tumultuoso, confuso y, por supuesto, triste. Nuestro hijo perdió la batalla. Alejandro falleció una semana antes de cumplir su séptimo mes de vida. Todos pensábamos que estaba respondiendo bien, incluso su cardiólogo. Ya habían pasado varios meses; estaba desarrollándose físicamente con un poco de retraso porque había pasado tanto tiempo en camas de hospital, pero todo lo demás parecía estar bien. Un día descubrí algo de sangre en su pañal y unas horas más tarde tuvimos a otro joven médico informándonos que esta vez nuestro hijo tenía otra condición rara llamada, *intususcepción*. Por supuesto, más dibujos, más explicaciones y otra serie de instrucciones para su cuidado. Su apetito disminuyó y terminó en el hospital. Solo podía alimentarlo con pocas onzas de leche a la vez para evitar que vomitara. Lloraba pero nadie lo podia escuchar, no tenía fuerzas... ¡mi pobre bebé!

De nuevo en el hospital. Los médicos querían ver si podían solucionar el problema de sus intestinos con un procedimiento lo menos invasivo posible. Nos explicaron todo y nosotros, por supuesto, confiamos en el equipo médico que estaba cuidando a nuestro bebé. El procedimiento no funcionó; Alejandro no estaba comiendo lo suficiente y lo poco que comía, su cuerpo lo rechazaba unos segundos después. La noche que murió, una enfermera entró a nuestro cuarto con instrucciones para entubarlo. No estaba comiendo y necesitaban alimentarlo con un tubo ahora. Lo recuerdo como si hubiese sido ayer cuando la enfermera le insertó el tubo en la garganta y Alejandro comenzó a respirar con dificultad. Al principio esperaba algo de resistencia, pero no, pude ver que la enfermera estaba teniendo dificultad. Yo lo abrazaba, tratando de calmarlo, con la esperanza de que si no se movía mucho la enfermera podía terminar de entubarlo. Cerré los ojos por un segundo y Alejandro dejó de moverse por completo, en mis brazos. La enfermera retiró el tubo al instante y en cuestión de segundos el cuarto estaba lleno de médicos y enfermeros. Lo llevaron a la unidad de cuidado intensivo y me dijeron que esperara.

Llamé a mi esposo y a mis padres. Papi estaba en el área y llegó enseguida, haciéndome todo tipo de preguntas. Le conté lo que había pasado. No dijo nada; simplemente se dio la vuelta y comenzó a caminar de un lado a otro como en las películas de antes. Sé que me estaba evadiendo porque no quería que lo viera llorar. Un rato más tarde llegaron mi suegra y mi esposo. Después de lo que pareció ser una eternidad el joven médico salió de la unidad de cuidado intensivo… su rostro triste nos dio la noticia. Me permitieron entrar y lo que sucedió después fue algo que cambió mi vida para siempre. Mi hermoso bebé estaba acostado en una pequeña camilla… su tierno cuerpo completamente desnudo, sin vida. Realmente parecía un ángel; este ser que me había pertenecido solo unos minutos antes, ahora era parte de otro mundo. Lo besé, lo abracé y lloré. No sabía que se iba a ir tan pronto; no sabía que iba a dejar de ser mamá.

Tener que despedirme de mi hijo fue lo más difícil que había experimentado; enterrar a un hijo va en contra de la ley natural de vida. Pero tener que enfrentar a mi padre después de la muerte de su primer nieto también fue bastante difícil. Mi esposo y yo nos quedamos en el hospital, revisando papeles para decidir el próximo paso. Unas horas más tarde llegué a la casa de mis padres; estaban allí pero no los vi. Ambos estaban en cuartos separados, ya en luto. Al principio, tuve la intención de abrazarlos y tal vez llorar un poco más, pero estaban demasiado adoloridos. En esta última lección de amor mi madre se encargó de todo, como siempre solía hacer, pero nunca visitó el hospital. Ella me evadía y ahora es que comprendo lo fuerte que este golpe fue para mami. Sin embargo, nunca me sentí más amada por ella.

Mi padre se encerró en el baño; podía escucharlo llorar. Como parte de la ingenuidad de la juventud, le dije a papi que el hospital quería saber si estaríamos dispuestos a donar el cuerpo de Alejandro para la ciencia. Antes de que pudiera terminar de decirle, comenzó a llorar y me dijo, "por favor, no lo hagas". Me di cuenta en ese momento de que íbamos a estar tristes por mucho tiempo. Todo ocurrió tan rápido. Sé que no entendí mi pérdida en aquel entonces y lo que significó, no solo para mi sino para todos los que me rodeaban. Mi hijo vino a este mundo porque tenía un propósito; esa energía joven y pura tocó mi corazón de una manera que solo pocos conocen. Lo extraño; vino a enseñarme sobre la aceptación y el amor. No fue hasta mucho más tarde que me di cuenta de lo afortunada que había sido de haber sido madre de un alma tan especial, aunque solo fuera por tan corto tiempo… ¡Ay Bendito!

En Mis Cincuentas

Este es el último año de mis cincuenta. Pueden adivinar porqué decidí escribir la historia de mi vida. Debería estar sosteniendo un letrero que diga, "crisis de mediana edad, no solo para hombres". Soy madre soltera de un joven adulto. Mi hijo conoció a su esposa en septimo grado y viven en Nueva Jersey con su perrito de diez libras, Rolo. No puedo creer que haya tardado tanto en darme cuenta de que tenía control sobre las experiencias que parecían perseguirme durante todos estos años. Como canta Reba McEntire, "Quien soy es quien quiero ser". Soy feliz de ser lo que soy. Siempre he amado mi vida, por lo menos algunas partes, y pensé que eso era suficiente, pero ahora ya comprendo... es algo más profundo.

Me gustaría que conozcan a aquellos en mi vida que me han impactado de alguna manera. Comencemos con mi madre, al fin y al cabo, ella es la razón por la cual estoy aquí. Mi madre, *Pita,* como le decían de cariño, era mi mejor amiga... sé que suena cliché pero es la verdad. Ella me conocía mejor de lo que yo probablemente me conocía a mí misma; me amó incondicionalmente y sé que siempre está cerca de mí. Mi madre era la séptima hija en una familia de 10 hijos. Nació en Barranquitas, Puerto Rico, en 1935. Compartió muchas historias de su juventud, especialmente cuando cocinábamos juntas. Fueron 82 años de experiencias y lo más sorprendente de esto es cómo las recordaba todas. Siempre me asombraba que la mayoría de sus historias fueran tan felices; logró transformar su infancia, pobre y limitada, en una historia fantástica. Mi madre era una mujer muy trabajadora. Todo lo que recuerdo de mi juventud es cómo ella se encargaba de todo y de todos. Nunca hizo nada a medias. Optó por no trabajar fuera de la casa, lo que significaba que iba a ser la mejor ama de casa. Todavía puedo escucharla decir: "lo que sea que elijas hacer en la vida, hazlo bien". Todos los días caminaba siete cuadras desde su casa a la nuestra, caminaba a la biblioteca, al correo, al supermercado y a veces a la tienda del dólar... le encantaba encontrar una buena ganga. En el invierno disfrutaba de palear la nieve del frente de la casa y las aceras. En el otoño nunca nadie encontró hojas acumuladas en nuestra casa; vivía con una escoba en la mano. Amaba el otoño por dos razones: el cambio de estación y era un recordatorio de que el invierno estaba a la vuelta de la esquina. Ella y yo siempre amamos el frío. Cada vez que comparto esto, la gente se sonríe y dice que es inusual para nosotras ya que nacimos y nos criamos en el Caribe. ¿Qué puedo decir? Mientras más frío, más nos gustaba. Se levantaba por la mañana y no paraba, siempre buscando algo que hacer. Todavía no sé de dónde sacó la energía para hacer tanto. Mami fue realmente una inspiración para todos nosotros.

Mis padres eran primos segundos, (algo común en esos tiempos). He escuchado muchas historias sobre mis padres que se remontan tal vez a cinco generaciones. La narración siempre ha formado parte de nuestra cultura. Nunca dudé del amor que mis padres se tenian el uno por el otro, y esto es mucho decir dado que cuando éramos pequeños vivíamos en constante confusión. Mis padres no sabían comunicarse de manera efectiva. Vivían contradiciéndose a pesar de que tenían puntos de vista similares sobre muchas cosas. Recuerdo despertarme con una discusión los sábados; una vez nos despertábamos ellos dejaban de discutir. En ese entonces no lo entendía, pero ahora sé que estaban tratando de protegernos.

Mientras escribo esto, sigo despegando capas de trauma que me persiguieron durante tantos años. Todavía me cuesta trabajo aceptar que haya tardado tanto tiempo en darme cuenta de que para crear patrones más saludables en mi vida tengo que reconocer mis experiencias por lo que realmente son. Tengo que llamarlas por su nombre. ¿Sabría la gente de antes sobre el trauma? Bueno, trauma no es una palabra nueva; por supuesto que sabían que existía el trauma. Pero, ¿podrían haber reconocido trauma dentro de ellos mismos? No lo sé. La generación de nuestros padres vio el trauma como algo relacionado con el aspecto físico de las cosas: un accidente que deja a alguien sin una extremidad, un accidente aéreo, la muerte de una persona joven, un defecto de nacimiento, etc. ¿Podrían verse a sí mismos como víctimas de trauma? Para mis padres, y para la mayoría de las personas en los setentas, los eventos que los llevaron a tomar las decisiones que tomaron fueron solo eventos que son parte de la vida de uno. Muy pocos cuestionaron las condiciones en que vivían. Tomemos como ejemplo a mi abuela y a la mayoría de las mujeres de su generación, temerosas de estar con sus maridos porque eso significaba que podían volver a quedar embarazadas. Tener tantos hijos y no poder mantenerlos debió haber sido una tortura. Sacar a los mayores de la escuela para ayudar con los más pequeños o tener que trabajar para ayudar con los gastos de la casa. A veces enviaban a un hijo a vivir con un pariente lejano que nunca conocieron o un amigo de la familia para que pudiera tener mejores oportunidades en la vida. Pobreza extrema. Separación por enfermedad; si alguien tenía una enfermedad grave lo enviaban al hospital regional a horas de distancia, lo que significaba que nadie lo visitaba durante una hospitalización prolongada. Esto le sucedió a una de las hermanas de mi madre cuando tenía solo 10 años. Y no nos olvidemos de otras experiencias traumáticas: problemas de aprendizaje, enfermedades mentales, abuso físico y emocional, violencia doméstica, crecer sin tus padres y mil cosas más que existían hace cien años en muchos lugares del mundo. ¿Cómo puedes cambiar tus circunstancias cuando no sabes que puedes? Por supuesto, hubo familias afortunadas en ese entonces que discutían el control de la natalidad, que reconocían la importancia de una educación y que tenían los recursos para mantener a su familia unida. Pero la pregunta sigue siendo, ¿reconocían el trauma?

Ahora estoy aprendiendo a aceptar mis experiencias. Ahora estoy aprendiendo a aceptar las lecciones aprendidas. Estoy aprendiendo a mantenerme en pie de lucha, asumiendo plena responsabilidad por todas mis acciones, sabiendo que mi vida es mi obra, lo que hago y cómo lo hago. Solo tengo control de mi persona. Ahora lo entiendo. Me siento llena de gratitud porque, aunque debería haberlo hecho hace muchos años, lo estoy haciendo ahora. Cada día es un descubrimiento para mí, estoy evolucionando... ¡Ay Bendito!

Pepe y Yolanda

Pepe

Soy la segunda de cinco hijos. Mi hermano mayor es alguien a quien he admirado siempre. Desde que tengo uso de razón lo recuerdo como una persona responsable, callada y bien trabajadora. Comenzó a trabajar antes de cumplir 12 años. Trabajó en una botánica donde el dueño era un buen amigo de la familia, Don Ramón Ruiz De Hoyos. Durante los meses de verano, mi hermano se levantaba a las tres de la mañana para ir a trabajar a la panadería del barrio, (Sierra Bayamón Bakery). Durante el año escolar, trabajaba después de la escuela. A mi hermano no le importaba la escuela en ese entonces, donde todo aquel que aprendía de manera diferente se quedaba atrás. Pepe tiene ahora 62 años y su mundo consiste en ir a trabajar, escuchar las noticias locales e internacionales, leer todos los periódicos disponibles del día y libros de historia. Es un fanático de la pelota. Conoce a todos los jugadores de béisbol, pero no solo de sus equipos favoritos... ¡todos los jugadores! Sus puntajes de bateo, jugadores más valiosos, campeonatos, quiénes fueron canjeados de equipo, etc. Mi hermano heredó de nuestro padre la pasión por la justicia, especialmente al crecer en Puerto Rico. Se unió a causas por la independencia de los

Estados Unidos cuando era joven. Después de graduarse de la escuela superior fue a la universidad, pero luego de un semestre se dio de baja para ganar dinero y ayudar a la familia. Pepe no solo es una persona muy trabajadora, sino también es muy disciplinado y con una gran ética de trabajo. Tuvo trabajos que no le pagaban lo suficiente y en los trabajos que pagaban suficiente necesitabas conocer a alguien, una ≪pala≫, solo para poder solicitar. Al cabo de un tiempo decidió probar fortuna en Nueva York.

La vida en Nueva York era más cara, pero podía tener dos y tres trabajos, si quería. Estaba contento porque podía enviar dinero a la familia. Después de una serie de trabajos, ahora está donde pertenece. Trabaja en Andrus en Yonkers, NY, en el departamento de mantenimiento. Es un programa escolar y residencial que brinda servicios a niños con necesidades especiales y a sus familias. Alberga a estudiantes que viven en el campus durante todo el año, estudiantes que solo se quedan de lunes a viernes y regresan a la casa los fines de semana y estudiantes que vienen todos los días a la escuela y regresan a sus casas. Ser parte del departamento de mantenimiento significa que tienes muchos trabajos; a mi hermano no le importa eso. Le gusta estar ocupado todo el tiempo. Los fines de semana y algunas tardes cuando el departamento tiene poco personal en su programa de terapia con animales, llaman a mi hermano. Aquí es donde mi corazón se derrite. El programa de terapia con animales está diseñado para, entre otras cosas, ayudar a los estudiantes a regular sus emociones para asegurar su seguridad y la seguridad de todos a su alrededor. Los estudiantes aprenden sobre los animales: gallinas, cabras, ovejas, llamas y hasta abejas, y tienen la oportunidad de acumular puntos que luego pueden canjear para pasar tiempo con un animal en particular; también pueden ayudar a cuidarlos. Hay que dejarlos salir de sus corrales por la mañana, darles de comer y limpiar las jaulas. En las tardes es el mismo proceso. Mi hermano disfruta trabajando con la naturaleza, los mantiene felices y limpios. Le gusta trabajar con los estudiantes y estos disfrutan trabajar con él. Recuerdo una Navidad que recibió una nota de un padre con la foto del alumno junto a su animal terapéutico. El padre del niño estaba agradeciendo a mi hermano porque desde que comenzó a trabajar con él y el programa de los animales, el niño había mejorado su comportamiento drásticamente. Estaban tan agradecidos. Ese fue un buen día.

Mi hermano creció escuchando que él era responsable de sus hermanos menores porque era el mayor. Como si la edad te diera madurez, sobre todo cuando eres niño. Esto todavía continúa en nuestra cultura, desafortunadamente. Pero él hizo lo mejor que pudo para desempeñar este papel que se le impuso y a muchos otros antes que él. Siempre se aseguró de que sus hermanos estuvieran bien cuando éramos más jóvenes y aún ahora que ya somos todos adultos. No solo sintió amor, sino un sentido del deber de proteger a la familia. Para este trabajo no hay instrucciones, no hay entrenamiento. En el pasado, incluso cuando estábamos en desacuerdo por algo, siempre me sentía amada y, de alguna manera, siempre protegida por él. A medida que pasa el tiempo, sigo sintiendo el mismo respeto por él. Te amo, Pepe.

* * *

Yolanda

Mi hermana es verdaderamente mi mejor amiga. Aunque solíamos discutir sobre casi todo cuando nos criamos, hemos logrado mantenernos cerca, tan cerca que no puedo imaginar mi vida sin ella a mi lado. Nos conocemos mejor que nadie. Cuando era niña, recuerdo que se quejaba de dolores y molestias y todo lo que se me ocurría pensar era que ella estaba haciendo un teatro para zafarse de los quehaceres del hogar. Ahora me doy cuenta de que ella sufría de depresión desde muy joven. En los años setenta no mucha gente hablaba de depresión, y la depresión en un niño era algo absurdo. Mi hermana siempre fue muy tímida; a mi lado era invisible. Aprendí a ser fuerte para ser escuchada; ella simplemente me seguía a todas partes, pero yo estaba demasiado ocupada tratando de sobrevivir para darme cuenta de que ella estaba triste. Como la segunda mayor en la casa, también me sentí responsable por mis hermanos. Sin nadie darse cuenta me había convertido en la administradora de la casa. Estuve a cargo de forrar todos los libros el primer día de clases, a veces hablaba con maestros cuando uno de mis hermanos necesitaba ayuda. Llevaba a mi hermano menor a su escuela antes de ir a la mía, (de la Sepúlveda a la Cacique), completaba los quehaceres que mi hermana no podía completar porque yo era la mayor y... bueno, sé que entienden el punto. No sabía que no estaba contenta con este nuevo título, pero cuando eres joven disfrutas del poder que da ser líder. Mi hermana intentó una vida alejada de todo lo que conocía; muchas lecciones aprendidas. Hoy lleva más de 16 años en recuperación, conoce muy bien sus condiciones de salud mental y con la ayuda de consejería y medicamentos es una persona estable y funcional. Es madre, hermana, tía, amiga y mucho más... y es buena en cada uno de estos roles. Ella es la única persona que me devuelve a la realidad siempre. Es mi mayor apoyo; siempre buscando la forma de hacerme la vida más fácil. Yolanda es un alma noble.

Parte de los problemas de salud mental de mi hermana es tener que lidiar con los indeseables efectos secundarios de los medicamentos que prometen hacerla sentir mejor. Es una triste realidad para muchos que padecen de algún tipo de enfermedad. Esto fue difícil cuando nos criamos, pero aún ahora existe ese estigma. No puedo imaginar ir por la vida lidiando con esta terrible enfermedad y tener que aprender a navegar un mundo rodeado de personas que piensan que tú eres el problema. Todavía escucho decir que la depresión es algo que puedes superar cambiando tus pensamientos negativos a pensamientos felices. ¡Si fuera tan fácil! Unos de los efectos secundarios de uno de los medicamentos que toma mi hermana es hablar compulsivamente. Yolanda siempre está hablando; no puede evitarlo. Ella dice algo y luego lo repite para estar segura de que la persona la escuchó, luego lo repite para ella misma para asegurarse de que lo recordará y tal vez una vez más, por si acaso. Cuando termina con eso, comienza el ciclo de nuevo con otro pensamiento. Hemos hablado de esto muchas veces; es difícil enojarse con ella porque reconoce su condición con mucha gracia y humildad. Ha desarrollado patrones de conducta y mecanismos que le permiten funcionar día a día. Una de las herramientas que utiliza a diario es el humor; siempre que hablo con ella me hace reír… eso me encanta. Hay días buenos y días malos.

La condición mental de mi hermana no es lo que la define, pero sus desagradables efectos secundarios la acompañan a diario. Es una batalla constante y agotadora; no muchos entienden esto.

A veces me molesto por algo que ella hace o dice, y un segundo después, (bueno, tal vez no un segundo) me siento mal porque permití que algo tan trivial me molestara. Especialmente porque Yolanda es todo corazón. Es una persona generosa, no hay nada que ella no haría por ti. Siempre ha sido y siempre será una parte muy importante en mi vida. Y sin embargo, mientras escribo esto, me pregunto si he logrado captar su singularidad. Amarla es aceptarla y respetarla como lo ha hecho ella conmigo a lo largo de los años. Soy afortunada de tenerla en mi vida; te amo, Yoly… ¡Ay Bendito!

Una Lección De Amor

Mi primer espacio sola fue un adorable apartamento de una habitación en el ático de una casa privada en Westchester, NY. Yo vengo del Caribe donde los techos son planos. El ático parecía una escena de una de las películas con subtítulos que solía ver en Puerto Rico. Olía a madera; todas las ventanas daban a un árbol con pájaros cantando todo el día en el clima cálido. El apartamento tenía una escalera de caracol. Me mudé con muy pocos muebles; se podía escuchar un eco desde cada cuarto. Me encantó, no solo porque tengo buenos recuerdos de él, sino porque era todo mío. Ese fue mi primer apartamento aquí; me sentía como todo un adulto. Me parece que comencé pagando $300 al mes, con utilidades incluidas. Trabajaba a tiempo completo como niñera y asistía a la universidad por las noches. Este pequeño apartamento albergó a varias personas; mi primo se quedó conmigo por un tiempo y dos de mis hermanos. También tuve otros familiares y amigos que ocasionalmente venían a vacacionar a la Gran Manzana. En una esquina de la sala siempre había un matre de aire, almohadas y colchas para el frío. El casero era portugués, un hombre apuesto con una linda esposa y dos hijas jóvenes muy dulces. Viví sola en este apartamento durante un año antes de conocer a mi segundo esposo.

Mi prima Isabelita estaba en Nueva York en un viaje de negocios y decidimos salir a bailar para celebrar *Halloween.* También estaban con nosotros dos primos salseros del Bronx, Tito y Auri. Fuimos a un club que ya no existe, el *Club Broadway* en Manhattan. Era uno de los clubes más populares en ese entonces; tocando esa noche estaba, nada más y nada menos que el gran Frankie Ruiz. El lugar estaba lleno. Ninguno de nosotros tenía disfraz, pero yo tenía un vestido blanco pegado al cuerpo y orejas de conejo en la cabeza. ¡Imagínense! Entonces, este hombre joven y atractivo me vio las orejas, se inclinó hacia adelante, y como si me estuviera diciendo un secreto, uso mis orejas postizas, ocho pulgadas por encima de las mías para invitarme a bailar. Eso fue todo… después de ese momento pasamos los siguientes diez años juntos. Durante este tiempo vivimos juntos, nos casamos, tuvimos un hijo, enterramos a mi padre y a uno de sus hermanos. La relación no duró, pero logramos mantener una amistad. Ambos sabíamos que teníamos que perdonarnos el uno al otro para poder seguir criando a nuestro hijo, pero esto resultó ser un reto.

Unos meses antes de nuestro décimo aniversario fue cuando sucedió. Comprenderlo fue difícil y la aceptación en ese momento era una palabra extraña. Esto no podía estar pasando. ¡Otro fracaso! Tuve que componerme y crear un nuevo plan de trabajo para mi vida y la vida de nuestro hijo de cuatro años. De un dia para otro tuve que programar visitas, buscar un lugar donde vivir y adaptarme a vivir con uno solo cheque y la manutención. Este periodo de tiempo en nuestras vidas fue bastante caótico para todos nosotros. No sabíamos qué hacer; esto no era parte del plan. Ciertamente estuve en piloto automático durante años antes de volver a sentirme establecida. Cometí muchos errores, aprendí lo más que pude de ellos y trate de proveerle a mi hijo un hogar lo más estable posible. Conociendo la importancia de nuestras experiencias en esos primeros años de vida, viví con ansiedad constante, en retrospectiva esto no ayudó a la situación. No estaba pensando con claridad. Mi ex-esposo estaba haciendo lo mismo, tratando de sobrevivir. Busqué consejería. Primero, habíamos quedado en ir juntos para ver si podíamos salvar nuestro matrimonio. La consejería resultó ser demasiado para mi ex y dejó de ir. No lo estoy juzgando, no es para todo el mundo. Después de esto, ambos entendimos que era hora de seguir adelante cada uno por su lado.

Yo completé todas mis sesiones de terapia permitidas por mi seguro médico. Por primera vez en mi vida comenzaba a asumir responsabilidad por todas mis acciones. Dejé de culpar a los demás. Empecé a mirar hacia atrás para tratar de entender las razones de algunos de los retos en mi vida. Este proceso comenzó hace veinticinco años y aún continúa. Interrumpí la terapia varias veces, cuando probablemente más la necesitaba, pero de alguna manera llegué al otro lado. Con muchos rasguños y moretones, ambos logramos sobrevivir el divorcio. El tiempo cura todas las heridas; ambos hemos seguido adelante.

Mi ex esposo siempre tendrá un lugar especial en mi corazón. Ambos cometimos errores, pero nuestro tiempo juntos tiene muchos recuerdos amorosos y felices. Siempre tendremos que lidiar con los desagradables efectos secundarios del divorcio, pero nuestro hijo sabe que fue planificado, concebido y criado con amor. Ambos pensamos que el amor sería suficiente pero no lo fue; ambos aprendimos esa lección… ¡Ay Bendito!

Días De Fiesta En Mi Casa

Los días de fiesta en mi casa fueron especiales. No... fueron mágicos. La mayor parte del año nuestra casa era una especie de campo de batalla. Mis padres pasaban mucho tiempo discutiendo durante el año... hasta que llegaba el mes de noviembre. Aunque no tuvieses acceso a un calendario, podías saber que habían llegado los días de fiesta. El olor a pintura todavía me transporta a aquella época de mi vida. La casa se pintaba, los closets se organizaban, las camas se vestían con las mejores colchas y esto marcaba el comienzo oficial de la época navideña. El día de Acción de Gracias era el primer evento oficial. La alegría se sentía en el aire. Era como si nuestro reloj interno recibiera la señal para ser más amables, más felices, con más esperanza y más agradecidos.

Papi se levantaba temprano el día de Acción de Gracias para comenzar a cocinar el pavo que ya había adobado el día antes. A eso de la una de la tarde la casa comenzaba a oler a días de fiesta. Mami cocinaba el arroz con gandules y preparaba la ensalada de papas y otros alimentos; mi padre estaba a cargo del pavo. Mi hermana y yo ayudábamos a limpiar la casa, los varones veían televisión y si se necesitaba algo, uno de ellos iba al supermercado del barrio, (los dueños eran Don Roberto y Doña Gladys) a buscarlo. Como a eso de las tres de la tarde mi padre se montaba en el carro para recoger a sus primos, los músicos: *Reinaldo, José Enrique y Rafael.* Uno tocaba la guitarra, otro tocaba el güiro y las maracas y otro tocaba el cuatro. Mi papá también tocaba la guitarra; me dijo una vez que habían aprendido a tocarla de oído, viendo a otros tocar. No podía creer que todos estos músicos tan talentosos nunca hubiesen tomado una clase de música, por lo menos no profesionalmente. Los primos de mi padre fueron almas nobles; amorosas partes de nuestra familia. Llegaban a nuestra casa y luego de saludar a todo el mundo de la manera más dulce, comenzaban a afinar sus instrumentos. Recuerdo admirar este magnífico proceso en preparación para tocar la música que nos proporcionaba tanta alegría.

La cena de Acción de Gracias era todo un evento; desde el mantel que se usaba hasta la cena en sí. Mi padre ponía el pavo en una bandeja que solo se usaba en ocasiones especiales. La mayoría del tiempo teníamos familiares que venían a celebrar y a disfrutar de la música después de la cena con nosotros. Mi padre trabajó de taxista en el Viejo San Juan por un tiempo y la época de Navidad era siempre la mejor para el negocio. ¡Qué mucho se agradeció eso! Inmediatamente después de Acción de Gracias sentíamos el espíritu navideño. Mis padres comenzaban a traer juguetes y otros regalos a escondidas; los guardaban en el closet grande del pasillo. Cuánto nos gustaba adivinar lo que había dentro de las bolsas. A veces podíamos ver a través de ellas... un juego de *Chinese Checkers* o *Parcheesi®*, una muñeca que patinaba, *Hot Wheels®*, pistas de carreras, un juego de té. En aquel entonces la mayoría de los niños recibían sus regalos el Día de Reyes. En Nochebuena teníamos otra cena especial: pernil asado, arroz con gandules, ensalada de papas, pasteles y de postre, arroz con dulce y casquitos de guayaba con queso blanco. Todo un banquete. El árbol de navidad era una cosa verde, artificial y delgada que mi madre transformaba en una hermosa obra de arte. Tenía tantas luces, y cada ornamento estaba colocado justo donde debía estar. El toque final eran *las lágrimas*; mami las ponía una a una. Pasábamos horas mirando nuestro hermoso árbol de navidad en la esquina de la sala... no importaba nada más.

La despedida de año también era un evento especial; nos quedábamos despiertos hasta la medianoche para escuchar todos los sonidos que venían de afuera. Usualmente veíamos el programa de televisión, *Luis Vigoreaux Presenta,* con uno de los maestros de ceremonia preferidos en aquel entonces. Todos nuestros artistas favoritos cantando y bailando, despidiendo un año fenomenal y esperando otro mejor todavía. Cada nuevo año soñamos con nuevos comienzos; papi siempre tenía una lista de resoluciones. A pesar de que no hubo mucho cambio con el paso de los años, seguimos creyendo que todo iba a mejorar... aunque hubiese sido sólo poder pagar algunas de las facturas de la casa o poder poner comida en la mesa. Mis padres sabían que esto no era suficiente, pero como siempre quisieron lo mejor para su familia mantuvieron un corazón lleno de esperanza. Ahora lo veo. Los días de fiesta en mi casa fueron toda la medicina que se necesitaba para superar las adversidades que se sufrían durante el año. Todos fuimos más amables los unos con los otros. Escuchamos más, perdonamos más. El tiempo de Navidad continúa siendo una época mágica para mí y para mi familia; tiempo de soñar, tiempo de celebrar la vida, tiempo de compartir. Si tan solo pudiéramos hacer que durase más tiempo… ¡Ay Bendito!

Algunas Realidades Sobre Ser Padres

Pienso en todo lo que no tuve cuando me crié, y por más que quiero olvidar algunas cosas de mi pasado, a la misma vez me siento agradecida porque tengo suficientes buenos recuerdos. Entre todas las cosas que he recibido, la mejor tiene que ser el amor… ¡ay, como nos querían nuestros padres! En cuanto a demostraciones de afecto, mi padre era un poco más tolerante con las caricias y abrazos. Mi madre era una persona cariñosa, pero los abrazos no eran parte de la forma en que ella mostraba afecto. No extrañamos sus abrazos porque ella nos mostró su amor de muchas otras maneras. Recuerdo la forma en que hablaba de sus padres; su relación con ellos era de respeto, admiración y amor. Mi abuela materna, Mama Andrea, era cariñosa pero no tanto físicamente, y ahora sabemos por qué mi madre era como era. Cuando papi tenía cuatro años perdió a su padre; su dolida madre trató de seguir criandolo, a él y a su hermana, pero hubo varios obstáculos. Probablemente hizo lo mejor que pudo pero, en cuanto a nosotros, los nietos, recibimos muy poco cariño de ella. Elegí creer que ella nos amaba, pero no sabía cómo demostrarlo.

Me pongo a pensar en mis padres criando a cinco hijos

con tantas limitaciones y no puedo evitar sentir una gran admiración por ellos. El requisito de la mayoría de los hogares para tener un hijo en los setenta era querer tenerlo, a menos que los pocos anticonceptivos disponibles no funcionaran y te tomara por sorpresa... eso también sucedía mucho. Mi padre amaba ser padre; amaba a todos los niños. En las reuniones de familia siempre lo encontrabas donde estaban los niños. Les daba conversación y se reía con cada comportamiento gracioso del grupo. Creo que le gustaba el hecho de que los niños tienen un corazón puro, no son complicados. Mis padres fueron personas muy amorosas. Qué suerte tuvimos de haber sido criados por almas tan grandes y nobles. Cuando eres niño solo ves las acciones, no puedes ver el proceso que se llevó a cabo para producir cualquier comportamiento. No fue hasta mucho más tarde que comencé a explorar y a entender las razones, las circunstancias, las experiencias que moldearon nuestra vida. Para entonces ya estaba llena de sentimientos de culpabilidad porque pasé la mayor parte de mi adolescencia culpando, exigiendo y juzgando a mis padres y a todos los demás adultos en mi vida. La presión que debieron haber sentido nuestros padres tratando de sacar adelante a cinco hijos en aquel tiempo hubiese sido suficiente para perder la mente. Por un lado tenemos a mi madre: amorosa, inteligente, responsable, sensible, realista, energética. Por otro lado tenemos a mi padre: amoroso, inteligente, leal, un líder natural, soñador, un idealista. Estoy segura de que ambos admiraban las cualidades del otro, pero no sé si fue suficiente para superar algunos de los retos que surgieron en aquel entonces.

Mi madre tomó un curso secretarial de comercio luego de graduarse de escuela superior y trabajó en la *Puerto Rico*

Telephone Company® por algunos años antes de casarse. Ella nos contaba sobre su arrepentimiento de no haber regresado a trabajar luego de tener hijos. Recuerden que esto fue en los años sesenta cuando por lo regular los hombres eran los que proveían y las mujeres eran amas de casa. Mami nos dijo que papi no estaba contento con su decisión de trabajar fuera de la casa luego de que naciera mi hermano mayor; luego de unos meses renunció a su trabajo en la telefónica. Y eso fue todo lo que trabajó fuera de la casa pero ella SIEMPRE trabajó. Las pocas veces que vi a mi madre sentada era porque estaba enferma o estaba rezando el rosario. Ella mantuvo un hogar limpio y organizado para siete personas que compartían un apartamento de cuatro cuartos. No fue una tarea fácil. Mientras escribo esto, pienso en todo lo que hizo por nosotros y no puedo evitar amarla y admirarla más. Mi madre fue una mujer formidable.

Mi padre era un soñador. Se crió sin su papá y estaba decidido a ser el padre que nunca tuvo. El único problema con eso era que no tenía ningún modelo a seguir; no sabía lo que significaba ser padre. Simplemente nos amó hasta más no poder y para él eso era suficiente. Todos los niños del barrio y en la familia lo amaban. Su mayor preocupación era poder darnos una buena educación y enseñarnos a amar la patria. Mi padre no soportaba las injusticias. En ocasiones tomaba el poco dinero que había ganado en un día para dárselo a alguien menos afortunado. ¡Ay, las discusiones que se formaban cada vez que llegaba a la casa con otra triste historia! Alrededor de la época navideña, recogía juguetes para llevarlos a los niños de los barrios más pobres. Dirigió un equipo de softbol y reclutó a los niños que no podían estar en ninguna otra liga porque no tenían los recursos para pagar la cuota de inscripción y/o los uniformes. La mayoría de los niños en esta liga nunca tuvieron un bate, un guante o zapatillas de pelota. Mi padre pidió donaciones y realizó varias actividades para recaudar fondos para cubrir el equipo y la inscripción. Ese año el equipo ganó el campeonato en su división. Nadie podía creerlo... muchos de esos niños nunca antes habían jugado en un equipo.

Imagínense criar a cinco hijos en una época en la que rara vez veías a una familia con más de un hijo creando un plan para satisfacer las necesidades individuales de cada niño. Si las reglas eran buenas para uno, eran buenas para todos. La regla dorada era: ser justo es darle a todos lo mismo. Ahora sabemos que ser justo significa dar a cada uno lo que necesita. Mi madre prestaba más atención a las cosas emocionales, pero apenas tenía el tiempo suficiente para mantener la casa, como para darle seguimiento a lo que fuera que nos molestaba a alguno de nosotros. Mi padre hacía todas las cosas que los padres hacían en aquel tiempo: arreglaba las goteras del baño, cambiaba las bombillas, nos carreteaba a todos, (mami no guiaba), pintaba la casa y nos protegía. Sabía lo que se esperaba de él como el hombre de la casa. Estuvo en Corea, fue parte del batallón de la 65 de Infantería, *Los Borinqueños*, y estaba orgulloso de eso. También luchó por la independencia de Puerto Rico de los Estados Unidos. El verano antes de que falleciera fui a visitarlo; me pidió que lo grabara leyendo sus poemas y otros trabajos literarios. De un viejo maletín sacó un montón de papeles llenos de cuentos, poemas, ensayos y notas sueltas. Recuerdo el día como si hubiese sido ayer. Se acomodó en su cuarto, sacó todos sus escritos, prendió la cámara y comenzó a leer sus trabajos. Estaba cayendo un fuerte aguacero ese día y por momentos el ruido de la lluvia quería competir con la voz de mi padre. Fue como si hubiese sabido que pronto se iba a despedir y quiso preservar su trabajo. Lo tenemos en video; lo vi en una ocasión hace mucho tiempo pero no he podido volver a verlo. Es reconfortante saber que el video está ahí. Han pasado 32 años desde que mi padre falleció y todavía se me llenan los ojos de lágrimas con facilidad cuando hablo de él. La crianza de un hijo es un trabajo duro y desafiante, de seguro. Pero a través de errores y lecciones aprendidas, mis padres lograron convencernos de que el mundo es un mejor lugar porque formamos parte de él… ¡Ay Bendito!

Cacique Agüeybana

En el 2010 viajé a Puerto Rico para reunirme con compañeros de clase para celebrar nuestro aniversario número treinta de graduación de escuela superior: *Escuela Superior Cacique Agüeybana,* clase del 1980. Esta era una escuela nueva; fuimos la tercera clase de graduandos. Poder volver a ver tantos amigos de la infancia y de mi juventud provocó en mí diferentes emociones: alegría, aprecio, orgullo, tristeza. Fue una maravillosa oportunidad poder recordar, reparar relaciones, reconectarse, perdonar y en última instancia, pedir perdón. Pasé más de una semana visitando a todo el que estaba disponible; incluyendo a mi familia. Hice lo mejor que pude con el tiempo que tenía y terminé pasándola super bien. Estas son las personas con quienes me crié; vivimos en el mismo barrio y en la misma vecindad, fuimos a las mismas escuelas, salimos a tricotear en *Halloween,* compartimos actividades después de la escuela y hasta tenemos algunas parejas que comenzaron su romance allí y todavía están juntos. Fuertes lazos se formaron durante nuestra juventud. Tengo amistades que se remontan a mi época en la escuela elemental, *Santos J. Sepúlveda* en Sierra Bayamón. Estas son personas que han logrado mantenerse como parte de mi vida de una manera u otra a través de los años, y eso no es siempre fácil. Cuando era joven me rodeaba de personas que me hacían reír, personas que me hacían pensar y personas que alimentaban mi espíritu. Siempre he tenido un grupo de amigos bien diverso; he sido bendecida con las amistades que he tenido. Nunca ha sido sobre lo que tenemos en común, aunque sí tenemos similitudes, pero es más que eso. Es una conexión especial. Este grupo de amigos fue y sigue siendo una parte integral de mi educación.

Los organizadores o *La Directiva* de la fiesta planificaron un *bembé* el día antes del gran evento para celebrar a todos aquellos que habían viajado a Puerto Rico para la ocasión. Me parece que unas quince personas que vivían fuera de Puerto Rico viajaron para la celebración, (yo incluida). Llegamos a la barra/salón y en menos de media hora el sitio estaba repleto de amigos, ex-compañeros de clase y sus familiares. Fue una manera maravillosa de reconectarse con tantas personas, muchas que no había visto hacía treinta años; la pasamos divinamente. Dormimos dos o tres horas sabiendo que al otro día teníamos que estar antes de las doce en el local donde se llevaría a cabo la fiesta aniversario. Para la gran ocasión esperaban aproximadamente ciento veinte ex-alumnos y sus familias. Comenzamos la preparación con un delicioso café puertorriqueño mientras decorábamos el lugar con cartelones con el número ochenta, estrellas, bombas de todos los colores y brillo; parecía la versión caribeña de la película *Footloose*. Me sentí tan agradecida de haber tenido la oportunidad de ayudar con esto; estar lejos a veces te hace sentir desconectado. Me sentí como si hubiese estado de vuelta en la escuela superior, decorando uno de los salones para alguna actividad especial. Algunos estaban colgando los carteles decorativos, dos personas estaban planchando las servilletas mientras otros estaban a cargo de llenar la barra, en la parte de atrás, de refrescos y alcohol. Las sillas estaban siendo decoradas con tul y ese día varios hombres muy varoniles de nuestra clase aprendieron a hacer un lazo perfecto. Alguien trajo un equipo de sonido portátil y varios abanicos porque el local no tenía aire acondicionado hasta unas horas antes del evento. Otro compañero salió y le trajo almuerzo a todos los voluntarios. Es dueño de un camión de comida criolla; todo lo que trajo estaba delicioso. Hablamos, cantamos, recordamos a aquellos que ya no están con nosotros, compartimos algunas experiencias personales y nos volvimos a conocer. Ese fue un buen día. De más está decirles que la celebración fue todo un éxito.

Muchos de mis recuerdos sobre mis años escolares son borrosos, pero agradezco todas las buenas experiencias que sí recuerdo. Tenía buenas notas, muchos amigos y conocidos y me preparaba para ir a la universidad. Sentía que era parte de algo. Para aquellos que fueron afortunados de haberse quedado en Puerto Rico, mantener el hilo de la amistad no fue tan difícil como mantener una relación a larga distancia. Me crié con un profundo amor por el lenguaje, siempre me gustó escribir. Necesito sentirme conectada con otros en mi círculo. Mi madre era la que enviaba postales de navidad, tarjetas con motivos en especial y hasta tarjetas sin una razón en específico. Le encantaba escribir; tengo a quien salir. Me fascina mantenerme conectada a través de la correspondencia, lamentablemente para mí, es un arte que está en peligro de extinción. Ahora estamos usando más tecnología para comunicarnos. Uno de los momentos más tristes de mi vida fue cuando me enteré de que iban a eliminar del currículo en las escuelas el escribir en cursivo. Bueno, no fue uno de los momentos más tristes de mi vida, pero me sentí triste... estamos hablando de mis herramientas de comunicación. No quiero decir que me he visto obligada a aprender nuevas formas de comunicación, pero sí lo he estado. No me malinterpreten, por mucho que me encanta enviar tarjetas escritas a mano, también me encanta lo genial que es poder darle a los botones de E-L-I-M-I-N-A-R. Entiendo, y lo que es más importante, acepto el hecho de que la tecnología tiene el potencial de hacernos la vida más fácil. También sé y acepto que la tecnología es responsable de algunos problemas nuevos. Mi madre solía decir, "siempre hay algo". Tomas lo bueno con lo malo con la esperanza de que termines tomando la decisión correcta para ti.

Mis intenciones en la vida son seguir cambiando a medida que pasa el tiempo. Quiero seguir evolucionando como ser humano; le estoy perdiendo el miedo al cambio. Después de esta última reunión me encuentro deseando volver para seguir conectándome con todos mis amigos, viejos amigos y nuevos amigos. Esperábamos tener una tremenda celebración para celebrar el aniversario número cuarenta en el 2020, pero llegó Covid-19, Delta y ahora Omicron. Estamos todos ahora esperando por algún tipo de autorización para poder planificar la celebración perdida. Ahora más que nunca necesito conexión humana. Necesito abrazos, besos y caricias; quiero tomar de la mano a alguien que amo, quiero poner mi cabeza en el hombro de una persona con sabiduría. A pesar de que la mayoría de las personas alegan que la adolescencia es un periodo lleno de retos, y lo es, también agradezco que tengo tantos buenos recuerdos de cosas que tal vez pasaron desapercibidas cuando se es joven. Cada día siento un mayor sentido de amor por todas las personas en mi vida. Sabiendo ahora lo frágil que es el tiempo, hace que mis experiencias sean más importantes y significativas. Espero poder ver a mis amigos pronto… ¡Ay Bendito!

Una Amistad Especial

Mi ex suegra, Doña Lucy… ¡Qué mujer! La primera vez que la conocí me impresionó y aún continúa impresionándome después de cuarenta años de amistad. Es hermosa, inteligente, amable, ingeniosa, divertida, creativa y leal, con una gran personalidad. Nos conocimos luego de unos meses de haber estado saliendo con quien fuera mi primer esposo. Mi relación con su hijo no duró mucho, pero nuestra relación se fortaleció con el tiempo. Siempre estuvo ahí desde el momento en que se enteró de que iba a ser abuela por primera vez. Estar cerca de ella me hace feliz; es una persona bien optimista pero muy realista. Doña Lucy tiene tres hermosos hijos, nueras, nietos, bisnietos y hermanos. Ha logrado formar fuertes lazos con muchas personas a lo largo de su vida. Todos los que la conocen saben lo especial que es.

Doña Lucy fue criada por su madre; su padre no fue parte de su vida hasta que cumplió seis años. Una de sus tías paternas la conoció por primera vez e inmediatamente fue a donde su hermano y le dijo, "tienes que reconocer a esta niña, se parece mucho a ti". Doña Lucy finalmente conoció a su padre, pero su esposa actual no sabía de su existencia, así que la relación fue un secreto hasta que cumplió 12 años. Recientemente le pregunté sobre la esposa de su padre; me dijo que fue una buena persona y que siempre la trató con respeto. Su familia vivió en Nueva York por un tiempo, pero terminaron regresando a Puerto Rico. Siempre se quejó de no haberse quedado en la ciudad de Nueva York más tiempo para haber aprendido bien el inglés. Lamentó no haber recibido una educación formal. Su madre la cuidó lo mejor que pudo.

Superó muchos obstáculos para convertirse en la persona que es hoy. Trabajó por muchos años en la *Nabisco®* en Bayamón, donde conoció a su segundo esposo. Luego de unos años trabajando para la compañía, comenzó a ver cómo otras personas que habían comenzado a trabajar ahí luego que ella estaban recibiendo promociones y aumentos de sueldo. Fue a donde su jefe y le exigió una explicación. Le informaron que ellos sabían que ella merecía una promoción, pero no cualificaba porque no tenía un título de universidad. Volvió a la escuela en sus cincuenta y obtuvo su bachillerato. No se quedó con la compañía; supongo que fue un objetivo personal. Se necesita mucha fuerza para hacer algo así. La admiro.

Doña Lucy tiene muchos atributos: es buena administradora, tiene su casa al día, es buena madre y esposa, es buena hermana y… es buena amiga. Conoce sus límites, dice lo que siente y siempre está buscando la manera de mantener su mente ocupada. Nunca ha esperado a que el tiempo le dé lo que merece; siempre ha estado a cargo de su destino. Me siento profundamente agradecida por haber tenido la oportunidad de conectarme con ella a través de su primer nieto, Alejandro; el tiempo que estuvo en este mundo fue suficiente para crear un lazo entre nosotras que todavía existe hoy. Todo lo que pasamos con Alejandro fue mucho más fácil gracias a ella. Fue fuerte y solidaria. Estuvo ahí para su hijo, como siempre, pero también estuvo ahí para mí. Ella sabía que éramos demasiado jóvenes para entender el significado de ese milagro. Doña Lucy siempre será una amistad especial… ¡Ay Bendito!

Ser Parte De Una Noble Tarea

Mi último trabajo de nueve a cinco fue en una agencia sin fines de lucro que provee servicios a niños con riesgo de ser removidos de sus hogares a causa de abuso y/o negligencia. El programa estaba subcontratado por el Departamento de Servicios Sociales (DSS) en Yonkers, Nueva York, para proveer servicios a padres de familias identificadas como alto riesgo. El programa, entre muchas otras cosas, le enseña a las familias métodos generales de crianza: cómo hacer un presupuesto, disciplina, manejo efectivo del tiempo, maneras efectivas de comunicación, etapas de desarrollo del niño, etc. Cada familia recibía una hora de visita al hogar, dos veces a la semana. Haber tenido la oportunidad de entrar a un hogar y tal vez brindarle a esa familia un poco de alivio fue un gran honor para mí. Me hubiese gustado que hubiésemos sido mejor compensados por la cantidad de trabajo que hicimos, pero éramos un programa operando con una pequeña beca, lo que significa que tienes que hacer lo mejor que puedas con lo que tienes. Por suerte, teníamos una líder feroz, Corine, que sabía utilizar hasta el último centavo. Cada trabajador tenía un promedio de seis familias a su cargo. Para mí, el proceso completo era una carrera contra el tiempo. Teníamos que ser sumamente efectivos con nuestras estrategias para asegurarnos de obtener resultados positivos. Nuestra beca, como muchas otras, dependía de los resultados. A veces, un simple *cómo está* termina con uno escuchando experiencias de trauma que se remontaban a la niñez. Solo teníamos una hora para cada visita pero muchas veces la dinámica de la familia dictaba el tiempo. Un proceso muy delicado. Esas primeras visitas son sumamente importantes para establecer confianza con la familia. Por supuesto que esto no es tarea fácil cuando estás corriendo en contra del tiempo. En tres meses se espera que conozcas a la familia, establezcas metas, les enseñes nuevos métodos de crianza y asegurarse de que la familia use todos los recursos disponibles para garantizar la seguridad en el hogar. ¡Tres meses! Mientras tanto el trabajador está estableciendo contacto con la agencia que hizo el referido, en este caso, *Servicios de Protección al Niño* o *Child Protective Services*, (*CPS* por sus siglas en inglés) para tratar de aprender lo más posible sobre la familia para crear metas que ayudarían a garantizar la seguridad física y emocional de todos los que formaban parte del caso.

Entonces viene el papeleo… ¡ay, el papeleo! Algo inevitable pero necesario. Si no está documentado, no pasó. La agencia que hizo el referido espera un informe mensual sobre cada familia. Estos informes son una parte integral del trabajo. En el caso de que la familia esté recibiendo servicios mandatorios por la corte de familia, el juez asignado al caso recibe una copia del informe. Estos determinan el nivel de seguridad en el hogar y la necesidad de recursos adicionales para la familia. De más está decir que siempre hay retos. Estos retos trajeron a estas familias aquí; algunas familias más que otras, pero cuando escuchas sus historias siempre hay un cierto nivel de trauma. Cada informe debe incluir el nivel actual de funcionamiento de la familia y de la manera en que están adaptando todas las destrezas que recién aprendieron. En muchas ocasiones este informe puede evitar que un niño sea removido del hogar. El informe final incluye cómo la familia continúa utilizando las nuevas destrezas aprendidas durante los tres meses de servicios. También incluye la opinión del trabajador en cuanto a la seguridad del niño y otras recomendaciones pertinentes, como clases adicionales para padres, servicios de salud mental, etc. En el caso donde hay que remover a un menor del hogar, un juez de la corte de familia toma esa decisión después de revisar el caso completo.

El objetivo principal de la agencia es mantener unidas a las familias. Todos los estudios demuestran que los niños se desenvuelven mejor en su hogar, con su familia. Muchas familias resienten los servicios porque lo ven como un ataque a su privacidad; se sienten juzgados y con miedo. Cada trabajador y su familia discuten las razones que los llevaron a ser referidos y una vez todo el mundo está de acuerdo, pueden comenzar a mejorar sus circunstancias. Esto es cierto para aquellas familias que pueden beneficiarse de todos los servicios disponibles a través del programa. Sin embargo, algunas familias no pueden aceptar el hecho de que hayan sido obligados por ley a recibir servicios. Nunca di por sentado la receptividad de una familia; abrir las puertas de tu casa a un desconocido bajo estas circunstancias no puede ser fácil. En todos los años trabajando en este campo, puedo decir honestamente que ninguna de las familias a las que servimos necesitaron probar que amaban a sus hijos. Pero el amor no siempre es suficiente cuando se trata de la seguridad del menor. Sin querer sonar arrogante, por mucho que los tantos retos del trabajo agoten a uno, no podía evitar sentirme agradecida por haber tenido la oportunidad de ayudar a cambiar las circunstancias de alguien. Muchas veces al final de los tres meses de servicios fuiste consejero, abogado, maestro o un modelo a seguir; eso te alimenta el alma. Cada día me hizo reflexionar sobre mis bendiciones, de seguro. Hoy saludo a todos los que forman parte de esta noble tarea de tratar de mejorar la vida de quienes nos rodean… ¡Ay Bendito!

Tomar Conciencia

Bueno, lo admito... he estado viviendo como una autómata. Mi cuerpo y mi mente trabajaron naturalmente, pero con poca aportación de mi parte. He vivido una vida apagando fuegos, poniendo curitas en todos mis rasguños y moretones para sentirme parte de la sociedad que me ha rodeado siempre. Esta soy yo, dandome cuenta de lo ciega que he estado. Esta soy yo, reconociendo una vida de patrones enfermizos; apenas recién comienzo a crear un plan concreto para reconstruir y sanar. He tenido muchas encrucijadas en mi vida, pero esta se trata de mí. Todas mis otras encrucijadas siempre han sido sobre terceras personas. Estás tan ocupado sobreviviendo que te olvidas de vivir tu propia vida. Este proceso comenzó para mí cuando ya era una adulta mayor. Cuando comencé a darme cuenta de todo esto mi padre ya había fallecido. No tuve tiempo de reflexionar sobre nada de mi pasado con él. A veces pienso cómo hubiese sido haber tenido este tipo de conversación con papi. Le hubiese encantado; las preguntas, las teorías, la búsqueda de respuestas. Mi padre siempre estuvo interesado en el comportamiento humano. Con mami, ya había comenzado la búsqueda de respuestas, pero fue interrumpida por su súbita muerte cuatro meses después de recibir un diagnóstico de cáncer. Esto me dio duro; esta crisis me puso de rodillas. La muerte de mami fue lo que me llevó a reflexionar sobre mi vida por completo. Ese dolor es tan crudo que te sientes adormecido y lo único que quieres es despertar. ¿Qué haces después de esto? Bueno, después de que empiezas a pensar en tu propia mortalidad, no quieres seguir dando la vida por sentado, de seguro. La atención plena se convierte en realidad. Qué maravilloso concepto, orgánico, beneficioso y sin embargo, tan difícil de lograr, al menos para mí. Todos estos años y nunca me di cuenta de la importancia de ser capaz de reducir la velocidad de mi vida lo suficiente como para apreciarlo todo… un concepto tan simple. Todavía lucho con mi mente, tratando de bajarle el volumen a mis pensamientos para poder escucharme verdaderamente.

En ese momento comencé a ver la realidad de algunas de mis relaciones y comencé a sentir la necesidad de reorganizar toda mi vida. De repente, algo dentro de mí se rompió, o tal vez se arregló. Para nada estaba preparada para esto. Todavía me cuesta trabajo existir luego de haber perdido una parte tan importante de mi vida y ahora siento que la vida me ha dado una nueva tarea. Ahora es demasiado tarde para mirar hacia atrás, una vez lo sabes, no puedes volver a tus viejos patrones. La mayoría de mi vida ha consistido en cuidar de los demás. No tenía que mirarme porque estaba demasiado ocupada viviendo a través de otros. Poco después reconocí y acepté la necesidad que tenía de cambiar y comencé a perdonarme. Perdonarme ha resultado ser extremadamente difícil para mí. Soy un trabajo en progreso. Ahora estoy aprendiendo a tomarme el tiempo para vivir el momento tal y como es, sin pensarlo demasiado o analizarlo. Intentar cambiar patrones que han sido parte de uno durante toda una vida resulta tan difícil que a veces uno lucha por mantenerlos aunque sabes que debes cambiarlos. Saber que necesitas cambiar es el comienzo; lo próximo es buscar maneras de romper con todos esos patrones innecesarios y crear nuevos. Suena fácil, ¿verdad? Bueno, no lo es, al menos no para mí. Estoy constantemente buscando maneras de calmar la mente lo suficiente como para poder escucharme a mí misma. Aquí me encuentro, una mujer de mediana edad que está permitiendo cosas nuevas en su vida. Para alguien como yo, una controladora empedernida, permitir nuevas experiencias puede ser aterrador e inquietante. No saber lo que va a pasar es algo descabellado para mí; solo escribir sobre esto me da ansiedad. Les estoy dando muestras de cómo trabaja mi mente a través de mis historias, pero traten de estar dentro de mi cabeza. Uff… ¡Ay Bendito!

Amigos

Hace poco hablaba con mi hijo sobre la amistad. No estaba segura de cómo explicarle lo que mis amistades significan para mí. Mis amigos son una parte esencial de mi vida; los amo y no quiero estar sin ellos. Nunca me he puesto a pensar en el proceso de la amistad; ¿existe realmente un proceso? ¿Cómo sabe uno cual persona terminará siendo un amigo? Nunca he tenido dificultad para hacer amistades, de hecho, mis padres pensaban que era demasiado amigable. Hablaba con todo el mundo; todavía tengo muchas amistades de mis primeros años escolares, vecinos con quien me crié, amistades de la universidad, compañeros de trabajo, etc. Creo que los amigos son seres que caminan por el mundo esperando ser conectados con alguien o con algo. Conocer a alguien por primera vez, la transferencia de energía, esa primera conexión es algo que anhelo a menudo. A veces uno sabe cuando alguien se va a convertir en un amigo en el momento. Otras veces, te cae bien la persona pero la conexión viene más tarde. Necesito sentir conexiones... es lo que me alimenta.

Mi madre solía decir que se puede decir mucho sobre una persona por sus amigos, *"dime con quién andas y te diré quién eres"*. Nunca estuve de acuerdo con ella y todavía hoy sigo en desacuerdo. Mi madre y muchos padres de la época cuando nos criamos no podían entender que uno puede ser amigo de alguien que tiene gustos completamente diferentes a los de uno. La mayoría de mis amigos son lo opuesto a mí. La riqueza de nuestras diferencias fue y continúa siendo la fuerza que nos hace querer más el uno al otro. Mi madre no podía convencerse de que me sentía atraída a ellos debido a su energía. En los años setenta cuando se hablaba de energía positiva o buena vibra era una referencia a los *hippies*. Y estar asociado con este grupo de personas de espíritu libre fue motivo de alarma en muchos hogares, especialmente en mi familia. Tengo algunos parientes mayores que yo que nunca pudieron zafarse del estigma de ser parte de este grupo. Fueron cruelmente juzgados, y lamentablemente yo fui parte de ello por ignorancia. Los padres de aquella época también decían, "*se te van a pegar las malas costumbres*". Esta noción también la rechacé; los amigos son personas en tu vida que pudiste escoger. Me encanta sentir la emoción de conocer a alguien con toda una vida llena de experiencias diferentes a las de uno. Un nuevo libro lleno de historias que de alguna manera encontrará su conexión con tu vida. ¡Fascinante! Me encanta saber que tengo cierto control sobre el tipo de energía que traigo a mi vida ahora. Estoy constantemente en busca de movimiento, de nuevas experiencias, de energías diferentes. Tener la oportunidad de entrar en la energía cósmica de otra persona y viceversa, eso me parece asombroso.

En el 2009 decidí unirme a *Facebook®* después de que mi hijo me explicara que era un programa de redes sociales. Siendo la mariposa social que soy, tenía curiosidad. Imagínense, poder encontrar viejos amigos y poder hacer nuevos. Perfecto. Con la ayuda de mi hijo me registré y en los primeros tres días recibí una abrumadora cantidad de "solicitudes de amistad". Una de las solicitudes vino de un grupo de compañeros que estaban organizando la fiesta para celebrar el aniversario número treinta de mi escuela superior; la fiesta se iba a llevar a cabo al siguiente año en Puerto Rico. Saber de personas de las que no había oído hablar en treinta años, ¡que increíble! No podía despegarme de la computadora; quería hablar con cada uno de los amigos que me habían solicitado. Las reconexiones me transportaron a lugares felices de mi pasado, eso no tiene precio. Pero lo más que me conmovió fue tener la oportunidad de conectarme con personas que, de alguna manera me habían tocado profundamente, y poder decirles cuánto habían significado para mí. El mejor de los regalos. Sé que mi vida seguirá estando llena de muchos amigos, viejos y nuevos; simplemente lo sé… ¡Ay Bendito!

Aprendiendo Sobre Mí A Través De Mi Madre

De vez en cuando mami y yo hacíamos alcapurrias, un aperitivo caribeño muy tradicional. Toma mucho tiempo porque su preparación requiere varios pasos. Me encantaba hacer alcapurrias con mami porque se convirtió en una experiencia de amor única, parte de una tradición. Hacíamos más de cien alcapurrias y disfrutamos todo el proceso siempre. Me encantaba verle el rostro a mi madre cuando se confirmaba el día; era un compromiso serio. Cuando mami hacía alcapurrias estaba claramente diciéndonos cuánto nos amaba. Podías ver el amor en sus expresiones, en cada movimiento de su cuerpo, sus brazos mezclando la masa se convertían en ese gran abrazo que todos necesitamos de vez en cuando. Siento tanta gratitud porque pude entender esto antes de que hubiese sido demasiado tarde. Tuve la gran suerte de que me invitó a ser parte de este proceso. El mismo proceso del que ella formó parte con las mujeres de su familia. Ahora me toca a mí pasar el legado, qué honor. Mi legado es el legado de mi madre y el legado de todas las mujeres en nuestra familia.

Cuando era niña, el objetivo era ser la mejor en lo que estuvieras haciendo para que nuestras madres tuvieran suficiente de qué presumir. Mi madre tenía nueve hermanos; la competencia era feroz. Fue mucha presión, especialmente porque esto fue algo que continuó a lo largo de nuestra niñez. ¡Fue agotador! No tenia sentido y solo dejó cicatrices no deseadas de todas las veces que fallaste. Pero esta era la manera en que vivía la mayoría de las familias en los setenta en Puerto Rico. Como era parte de nuestra cultura uno lo aceptaba como algo normal. La mayoría de los padres pensaba que estaban siendo buenos padres porque te animaban a ser mejor que los demás. Era casi como si la palabra competencia hubiese tenido un significado diferente en aquel entonces. Mi madre siempre fue vista como una de las más calladas entre sus hermanos. Al crecer, siendo la número siete en una familia de diez hijos, probablemente aprendió a que a veces es mejor quedarse callado y observar. Ahora que la estaba conociendo mejor, no solo como madre sino como persona, me preguntaba sobre su niñez y las experiencias que la moldearon. Compartió muchas historias sobre su crianza conmigo, todas grandes historias, historias especiales, pero nunca compartió conflictos o dificultades de ningún tipo. Sé que estuvo rodeada de seres queridos y que vivió en una época en la que todos siempre estaban agradecidos por lo que tenían. Me hubiera gustado saber sobre algunas de sus luchas, pero sé que ella vio esto como una traición a sus padres. Su sentido de lealtad era muy fuerte.

Mi madre era una ávida lectora, amaba el arte de conversar y disfrutaba estar rodeada de gente. Supongo que es verdad, *"lo que se hereda no se hurta"*. Amaba su energía, nunca solía dar menos del cien por ciento de sí misma. Todos los días pido poder tener la mitad de su espíritu. Justo cuando estaba alcanzando ese nivel de atención plena en mi vida, ella me dejó. Totalmente desprevenida y sin saber si podía sobrevivir a este evento tan traumático, su legado me dio la fuerza para seguir adelante. Por supuesto, no me di cuenta de esto hasta que pasaron algunos años. De repente, estoy sola y ahora soy la matriarca. No sabía lo que tenía que hacer; entonces, entendí. Ella me preparó para esto. Pasé por todas las etapas de duelo, algunas etapas tomaron mucho más tiempo que otras, pero finalmente llegué al otro lado, donde puedo hablar de ella sin que el dolor de extrañarla interfiera con mis recuerdos. Recuerdo verla más lenta al final y quise absorber todo de ella. Quería escuchar mas historias, quería recordar todas sus recetas, no quería que terminaran nuestras largas conversaciones cada domingo. Como un niño, quería que se quedara conmigo para siempre... ¡Ay Bendito!

Si Pudiéramos Darle Para Atrás A La Máquina

Comencé a cuidar de mis hermanos a una temprana edad. Nadie me lo pidió, pero estaba siempre disponible, siempre preparada para arreglar lo que fuese que tenía que arreglarse y lo disfrutaba. Me hacía sentir importante. Mis padres se quejaban de alguna cosa y yo encontraba la manera de mejorarlo. Estaban tratando lo mejor que podían para criarnos y me sentía que estaba ayudándoles. Continué cuidando de mis hermanos y a medida que fuimos creciendo, nuestras necesidades también crecieron y fueron más complicadas. Aprendí a lidiar con la mayoría de estos cambios, o eso pensaba. Pasaba tanto tiempo ayudando y solucionado los problemas de otras personas que no estaba manejando mi propia vida, Psicología 101... ¡qué gran descubrimiento! Pasé la mayor parte de mis años escolares en total inconsciencia. Estudiaba cuando tenía que estudiar, tenía buenas notas y seguía las reglas. En mi primer año de universidad me di cuenta que no sabía absolutamente nada sobre mi persona. En realidad, no sabía nada de nada. Había estado funcionando como una autómata por tanto tiempo que no supe cómo responder a la vida sin la estructura de esos primeros años. Se supone que tus años universitarios son para descubrir quién eres, para ser creativo, para buscar lo que te hace feliz. Fue una gran experiencia, pero fue demasiado difícil poder manejarlo todo a la vez.

Estaba en la universidad a tiempo completo y tenía un trabajo de tiempo parcial en un supermercado local en Bayamón en el Victory Shopping Center. Ahí conocí a un guapo muchacho con una gran personalidad, abrigo de cuero y una motora... ay, ay, ay. De repente, quería tener diferentes experiencias. Quería descansar un poco de cuidar de los demás. Haberme enamorado me dio una nueva perspectiva. Me quejo de no haber tenido la oportunidad de decirle a mis padres sobre cómo me sentía en aquel entonces, pero la verdad es que nunca les pedí hablar de esto. No sabía que me sentía tan cansada y confundida y justo ahí conocí a alguien que me quería tal como era. Ambos éramos muy jóvenes e inmaduros y antes de que nos diéramos cuenta, ya estaba embarazada. No teníamos la menor idea de lo que estábamos haciendo... en serio. Nuestros padres no tuvieron más remedio que aceptar nuestro matrimonio prematuro y seguir apoyando nuestras pobres decisiones. Muchas cosas sucedieron después de esto, y por mucho que pensaba que estaba viviendo mi vida de manera diferente, todavía estaba cuidando de otros.

Esto no es algo que se planifica; mis padres me vieron como un recurso, supongo. Quizás pensaron que esto era una manera de practicar como ser responsable. Estoy bastante segura de que esto es lo quiero creer. Es difícil aceptar que me haya tomado tanto tiempo darme cuenta del impacto de toda una vida de decisiones pobres y quién sabe qué más de lo que aun no estoy consciente. Siempre que hablaba sobre mi niñez con mi madre sabía que tenía que ser cuidadosa. Como muchas parejas en los setenta, mis padres no tenían idea de cómo ser padres, para ellos los requisitos básicos eran: comida, ropa, un techo y amor. Mi madre murió con un corazón lleno de arrepentimientos como madre. Quería seguir reflexionando sobre mi niñez, pero no si esto iba a escarbar algunas de las heridas de mi madre que nunca sanaron. ¿Cómo podría hacer algo semejante?

A medida que maduré, comencé a encontrar formas de reflexionar sobre mi niñez sin lastimar a mis padres en el proceso. Creo que mami siempre supo que yo tenía preguntas y también sabía que hablar de eso era difícil para mí. ¿Necesitaba saber? ¿Valió la pena? ¿Qué hace uno luego de recibir respuestas? Finalmente, tuvimos la oportunidad de hablar sobre algunas de nuestras experiencias al crecer. Después de pasar una gran cantidad de tiempo eligiendo cada una de mis palabras, comencé a hacer preguntas. La respuesta de mi madre me sorprendió; no solo me escuchó con un corazón puro, sino que también me validó. ¿Se imaginan? Me dijo que entendía que no era justo que siempre me tocara cuidar de otros. Me hizo saber que sabía lo que había en mi corazón; sus palabras fueron la disculpa que no buscaba pero que agradecí. Ay, mi querida madre, sé que deseaste haber podido hacer las cosas de otra manera; yo también... ¡Ay Bendito!

Llena Eres De Gracia

Conocí a una de mis mejores amigas poco después de llegar a Nueva York hace 37 años. Ambas trabajamos para un programa de investigación con niños que habían nacido prematuramente, en el Bronx. El papá de mi amiga acababa de ser diagnosticado con cáncer de páncreas; nos compenetramos durante este proceso y nuestra amistad floreció. Solíamos coger el tren casi todos los días después del trabajo para ir a Manhattan a visitar a su padre al centro de cáncer *Memorial Sloan Kettering.* La enfermedad de su padre avanzó rápidamente y luego de varios tratamientos inútiles, falleció pacíficamente en su hogar.

Grace nació en Italia y llegó a los Estados Unidos cuando tenía ocho años. No recuerdo haber conocido a nadie que no fuese de alguna cultura parecida a la nuestra hasta este punto. En Puerto Rico conocí personas de otros países, pero por alguna razón consideré a Grace como mi primera amiga internacional; mami la amaba y le daba gracia que la llamara mi amiga internacional. Recuerdo la primera vez que fui a su casa y conocí a su mamá y a sus hermanos. Hablaban en italiano y parecían como cualquier otra familia, excepto que no sabía cómo relacionarme con ellos. Me sentí bienvenida pero incómoda. Al principio no sabía cómo encontrar cosas en común con ellos. Mi conexión con Grace trascendió nuestras diferencias; desde un principio amé su forma de ser, su energía. Hablamos diferentes idiomas, nos vemos diferentes físicamente, pero en el fondo sentimos de igual manera sobre muchas cosas. No lo sabíamos en aquel momento pero, ambas nos necesitamos durante ese tiempo. Mis padres estaban en Puerto Rico y pasar por esto con mi amiga me hizo extrañarlos aún más.

El programa de investigación terminó y tuvimos la suerte de que nos ofrecieron poder solicitar para puestos similares trabajando en un programa pre-escolar de educación especial al cruzar la calle de dónde trabajamos: *The New York Institute for Special Education, Readiness Program.* Muchos solicitaron para las dos posiciones disponibles; nos escogieron a Grace y a mí. Continuamos trabajando juntas y nuestra amistad fue creciendo. Poco después ambas encontramos parejas, yo me casé y luego se casó mi amiga; hasta fui una de las damas en su boda. Según pasaron los años perdimos contacto por un tiempo. Bueno, sabíamos la una de la otra, nos enviábamos tarjetas de Navidad y de vez en cuando hablábamos por teléfono, pero no con tanta frecuencia. Casi 19 años después decidimos reencontrarnos; al instante nuestra amistad floreció nuevamente. Ahora nos conectaban otras cosas: ser madres solteras, quién lleva a quién a la escuela, pensiones alimenticias, visitas, tener dos trabajos y la posibilidad de encontrar una nueva pareja. El otro día estábamos desahogándonos, como acostumbramos hacer cada vez que nos vemos y le pregunté: "¿porque siempre estamos trabajando tan duro y nunca parece suficiente?" Grace me dijo: "Elba, tenemos que trabajar de manera más inteligente". Ambas nos miramos y nos echamos a reír.

Sé que siempre es más fácil hablar de cómo hacer las cosas ahora que tenemos experiencia, algo de sabiduría y mucho más sentido común. Mas sin embargo, por más madurez y sabiduría que tengamos siempre terminamos luchando por aceptar el hecho de que hemos hecho bastante. Ahora los temas de conversación son parte de nuestro grupo de apoyo secreto. Hablamos de cuánto admiramos nuestra capacidad de tolerar, de aceptar; hablamos de poder decir que no cuando algo nos perjudica, hablamos de escoger nuestras batallas, de tener la libertad de tomar nuestras propias decisiones sin sentirnos de alguna manera, siempre culpables por algo. Grace y yo seguimos siendo un trabajo en progreso, pero lo bueno es que estamos creciendo juntas. Mi amiga es la mejor cuando se trata de amistad. Entre muchas otras cosas, es leal, compasiva, inteligente, fuerte, cómica y muy ingeniosa. Ella ha estado ahí para mí más veces de las que puedo contar. Grace siempre me ha facilitado llorar y desahogarme, sentirme con esperanza y hasta cuando he compartido algún sueño loco con ella, siempre me ha apoyado y me sigue brindando todo su amor. Soy muy afortunada de tenerla en mi vida… ¡Ay Bendito!

Búsqueda

Venir a Nueva York fue una experiencia emocionante para mí. También fue una dolorosa experiencia de separación, de desarraigo. He escuchado decir que Nueva York es otro municipio de Puerto Rico... una extensión de esa pequeña isla llena de color, musica, risas, pasión, buena comida y gente feliz. Algunos miembros de nuestra familia emigraron en los años cincuenta; algunos iban y venían y algunos se quedaron aquí en diferentes estados, principalmente en la costa este. Cuando decidí venir a Nueva York tenía 22 años. Mi hermano mayor estaba aquí y me dio el visto bueno para quedarme con él. Él se estaba quedando en la casa de la hermana de mami, Titi Ney; su casa fue hogar temporero para muchos. Así que, llegué a Nueva York en el verano de 1984. No tenía ni idea de lo que me esperaba. Lo único que sabía era que mi padre quería que terminara la universidad. Ni siquiera sabía qué quería hacer con mi vida... neblina mental.

Sabía que mis padres estaban orgullosos de mí cada vez que llegaba a la casa con buenas notas, pero fuera de ahí no había hecho la conexión entre promedios y la universidad. No recuerdo haber estudiado para los exámenes de entrada a la universidad, el *College Board.* Desconexión total. De alguna manera pasé por el proceso porque me aceptaron en la Universidad de Puerto Rico en Carolina. Con la ayuda de mi querido tío Benjamín me pude trasladar al recinto de Bayamón para estar más cerca de mi casa. No me pregunten cómo pude lograr completar 20 créditos. Al final de ese primer año me pusieron en probatoria académica. Estaba tratando de hacer lo que se esperaba de mí, pero no entendía los objetivos. Hay tantas cosas que no recuerdo… fue un momento de gran reto para mí. A raíz de esto decidí dejar atrás la isla y ver si podía encontrarle sentido a mi vida en otro lugar.

El objetivo ahora era establecerme y comenzar la escuela. Fui a una universidad de la ciudad en Nueva York con mi transcripción de créditos; luego de la entrevista inicial me dieron un examen para determinar mi nivel de inglés. Sabía inglés, pero no lo hablaba. De niña, recuerdo leer el *San Juan Star* con mi padre todos los días y el *New York Times* los domingos. Luego de revisar mis puntuaciones el consejero académico me dijo que no era material universitario. Con solo escribirlo me duele. No recibí ningún tipo de guía adicional, no discutió opciones. Esto fue una llamada de alerta para mí. ¿Era tan inteligente como pensaba? ¿Había sido mi vida hasta ahora solo una ilusión? ¿Podría hacer la transición a esta nueva vida? ¿Podría terminar mis estudios universitarios y enorgullecer a mis padres? Me negué a pensar que esta fuera una cruel estrategia utilizada para motivar a los estudiantes. Estaba furiosa. ¿Cómo fue capaz de decir que no podía aprender? Todo el mundo es capaz de aprender. Sin su ayuda ni la de nadie más, me inscribí en una universidad de dos años que ofrecía transferir la mayoría de los créditos que traje de Puerto Rico. Completé un asociado y me transferí a una universidad de cuatro años.

Todavía me resulta difícil hablar sobre este periodo de tiempo en mi vida. Recuerdo ser juzgada cada vez que hacía algo diferente; de la forma en que vestía, mi comida, mi voz de alto volumen, mi pasión por la vida. Me sentí inadecuada, muy inadecuada. Cuestioné cada lección aprendida, comencé a resentir mi pasado e incluso mi familia; vivía con miedo. Era un ciudadano americano pero me sentí tan mal recibida. Quería luchar por justicia, quería probarme a mí misma y defender mi cultura, mis raíces, mi crianza. Pasé mucho tiempo con coraje. Como si hubiese necesitado luchar para probar que pertenecía a este lugar. Todavía siento coraje de vez en cuando, pero ahora estoy aprendiendo a canalizar mi enojo. Después de un tiempo, a medida que me sentí más cómoda con el idioma, comencé a reflexionar sobre mi nueva vida aquí. Estoy aprendiendo a no tomar nada personal. Comencé a entender que no solo siempre se trataba de mí; tememos todo lo que es diferente. Antes de que pudiera darme cuenta, estaba viviendo mi vida aquí y comencé a establecer relaciones significativas con personas de diferentes partes del mundo. Después de ese primer doloroso año, comencé a visualizar una vida lejos de mi Puerto Rico natal.

Completé mi bachillerato, mis padres estaban muy orgullosos. Me visualizaba subiendo los escalones hacia la tarima para recibir mi diploma y poder ver las caras felices de mi familia. Mi padre siempre tuvo miedo a volar, pero su médico estaba preparado para darle algo para calmar sus nervios. Por supuesto, mi graduación sería la excepción, me dijo, "este es un viaje que haré con mucho gusto". El 21 de enero de 1990 recibí una llamada de parte de una de mis tías para dejarme saber que papi había fallecido en el sueño; un ataque masivo al corazón; tenía 57 años. Me gradué cuatro meses después, pero no asistí a la ceremonia de graduación. Creo que papi llegó a verme graduar, fui yo la que no llegué a verlo… ¡Ay Bendito!

Tranquilidad De Espíritu

Paz… siempre pensé que la paz era un hecho. Me criaron pensando que para tener paz todo lo que tenías que hacer era ser una buena persona. Que si eras un buen ser humano, la paz te seguiría. Si tratabas a los demás con amor y respeto, la paz era tu recompensa. Nunca consideré la paz como una meta. En realidad, nunca pensé en buscarla, hasta ahora. ¿Será porque estoy pensando en la mortalidad? ¿Será porque ahora estoy abierta a saber lo que significa? Creo que nunca exploré el concepto de paz porque esto es algo más espiritual. Hasta ahora, había estado demasiado ocupada lidiando con los aspectos físicos de la sobrevivencia. No recuerdo no haber estado en control de mis pensamientos: buenos, malos, raros; logré convencerme de que todo iba a estar bien. Sabía que mi vida había sido un tanto tumultuosa pero tenía paz mental, o eso pensaba.

Ahora me encuentro teniendo que aprender nuevas maneras de mantener mis pensamientos bajo control. Ahora tengo que tener mucho cuidado porque sé lo frágil que es la mente. No sé cuándo sucedió. Un día voy por la vida como si nada y al siguiente minuto estoy cuestionando cada uno de mis pensamientos. ¿Es esto una crisis de mediana edad? ¿Fue esto un despertar? Algo que había sido tan natural toda mi vida ahora era un gran signo de interrogación. Era más que una reflexión, era un vacío. Ya llevaba un tiempo en consejería y esto parecía ser un efecto secundario del tratamiento. Por supuesto, resentía el hecho de que, en lugar de sentirme mejor, estaba más confundida y ansiosa. Es una caja de Pandora, una vez la abres no se puede volver atrás. ¿Cuándo iba a empezar a sentirme mejor? ¿Cuándo mi vida iba a empezar a ser más fácil?

Ahora, después de que han pasado tantos años me di cuenta de que siempre he estado corriendo, pero no siempre sabía a dónde iba. El destino final, si es que hay un destino final, es tan individual como cada persona; eso lo entiendo ahora. Estoy aprendiendo que el cuerpo y la mente deben trabajar juntos para crear armonía. Lo sé, es tan simple. Miro hacia atrás a todos esos años de desconexión y reconozco las razones de la mayoría de mis luchas. Eso fue un comienzo. Cuanto más entendía, más preguntas tenía. De repente, todo lo que pensaba que era bueno para mí ahora estaba en tela de juicio. Sí, le di la bienvenida al conocimiento y a la sensación de libertad cuando te das cuenta de que no tienes que reaccionar ante todo. Empiezas a contemplar la posibilidad de lo que sería tener completa tranquilidad.

Entonces, un buen día te das cuenta de que la búsqueda en sí es la respuesta. Ser la mejor versión de sí mismo; ser capaz de aceptar a los demás sin juzgar, esparciendo amor y siendo compasivo. Vivir cada día sabiendo que has hecho todo lo posible para vivir en verdadera armonía. Destino final, *Nirvana*. Estoy aprendiendo estas nuevas lecciones de vida ahora, por suerte. Mis padres solían decir que nunca es tarde si la dicha es buena… ¡Ay Bendito!

María Libertad

Mi familia conoce a María desde hace más de 40 años. Es una criatura hermosa, y una de las mujeres más fuertes que conozco. Todavía la recuerdo como una joven madre y esposa en Sierra Bayamón en los años setenta. Mi madre solía cuidar a su hijo menor mientras ella iba a trabajar. Siempre queríamos jugar con Robertito, quien en aquel entonces tenía apenas un añito. Era inteligente y curioso, con una risa contagiosa. Cuando llegábamos de la escuela ya estaba bañado y listo para que sus padres lo recogieran. María era secretaria y su esposo era un cantante profesional. Imagínense lo fascinante que eso era para nosotros; nunca perdimos la oportunidad de decirle a la gente que mi mamá cuidaba al hijo de *Chivirico* Dávila.

No recuerdo mucho sobre los antecedentes de Chivirico; su familia era de San Juan y creo que había sido cantante la mayor parte de su vida. Eso era todo lo que sabíamos. Por otro lado, María estaba comenzando a relacionarse con nosotros y poco después ella y mi madre se convirtieron en muy buenas amigas. María no creció con sus padres. Ella no conoció a su padre y su madre había fallecido cuando ella apenas tenía 13 años. La colocaron en un refugio de jóvenes y luego vivió con una agradable familia cubana en la ciudad de Nueva York. A medida que fue creciendo se volvió más desafiante y terminaron ubicándola en un programa residencial para adolescentes. Estuvo allí hasta que cumplió los 18 años. Cuando le pregunté por las razones de haber tenido que dejar el hogar temporero ella me dijo que recuerda muy poco de ese tiempo. María apenas recordaba el programa residencial y/o su familia temporera; tal vez su mente la protegió al no recordar la mayor parte de ese pasado lleno de trauma.

Nos contaba que luego de haber cumplido los 18 años conoció a un guapo y simpático muchacho que terminó siendo su esposo. Creo que nos dijo que la relación no duró porque en realidad no lo amaba. Era tan joven; ¿sabría ella lo que era el amor? Pasó el tiempo y terminó casándose con Chivirico Dávila. (Esta parte de la historia la desconozco; tal vez para una próxima lectura). Estuvieron casados por mucho tiempo. Tuvieron tres hermosos hijos y se habían trasladado a Puerto Rico donde estaba su carrera de cantante. Cuando se convirtieron en nuestros vecinos sus hijos tenían diez, seis, y un año de edad. Todos conocían a Chivirico Dávila, había grabado, nada más y nada menos que con la Fania®. Nos sentíamos importantes por tan solo conocerlo. María siempre ha sido una mujer muy trabajadora. Le gustaba vestirse bien; siempre estaba bien arreglada, ella y toda su familia. Esta era una familia linda, de verdad. Después de unos años, Chivirico y María comenzaron a tener problemas en su relación; se mudaron y perdimos contacto. De vez en cuando escuchamos de María desde diferentes lugares: Puerto Rico, Nueva York y Virginia. Hizo varios intentos para proporcionarle a sus hijos un buen modelo a seguir, un hombre que pudiera amar a su familia y hacerla feliz. Algunos muy buenos candidatos tuvieron la oportunidad de darle a María lo que necesitaba, pero ninguno tocó su corazón lo suficiente. Luchó por criar a sus tres hijos sola, pero los efectos de años de trauma se dejaron ver en los niños, ahora jóvenes adolescentes. Pensó que estaba perdiendo el control de su familia. Los dos hijos mayores fueron enviados de regreso a Nueva York para vivir con su padre; Chivirico había regresado a la ciudad de Nueva York luego de la separación. Se estaba quedando con su hija mayor y su esposo en un pequeño apartamento en la ciudad. Añadir dos miembros más a la unidad familiar resultó ser un error. Chivirico amaba a sus hijos pero a duras penas estaba sobreviviendo él. Estas dos criaturas, inteligentes y talentosas se dieron a la calle. Con el tiempo se metieron en problemas con la ley, interrumpiendo sus esperanzas y sueños.

La vida de María nunca ha sido fácil. Ha pasado por mucho, y sin embargo siempre está apoyando a los demás y tratando de encontrar el lado positivo en la mayoría de sus experiencias. Entre sus muchos atributos, es inteligente, trabajadora, compasiva y creativa. Tiene una buena mente para los negocios, para diferentes cosas, incluso escribir. Cada una de sus ideas ha tenido el potencial de convertirse en un negocio lucrativo, pero nunca pasó. Nunca tuvo el apoyo adecuado ni los recursos financieros para llevar a cabo ninguno de sus proyectos. Encontró consuelo y alivio en la religión. Tuvo otras dos relaciones significativas que resultaron en otros dos hijos. Continuó siendo madre soltera; el príncipe azul nunca llegó. Pero, incluso con cada caída, y tuvo muchas, María se ha mantenido en pie de lucha. Es toda una guerrera… ¡Ay Bendito!

Bendiciones

En mayo 17, (mi cumpleaños) del 2014 mi hijo se graduó de la universidad. Un hermoso día de primavera, cientos de familias y amistades reunidos en un mismo lugar del mundo para celebrar los triunfos de seres queridos. Podías sentir la alegría, escuchar las risas y ver las lágrimas de felicidad; una energía increíble. Quería absorber todos los sueños de aquellos graduados. Estaba llena de gratitud. Observé al joven que se había graduado: el hijo, el nieto, el sobrino, el hermano, y todo lo que podía pensar era en su primer día de *kindergarten*. De verdad que el tiempo pasó volando. Los retos que tuvimos muy bien podrían haber cambiado este capítulo; por eso y por mucho más estoy llena de gratitud. Mi dulce niño es, entre muchas otras cosas, inteligente, amoroso, creativo, con un gran sentido del humor y lleno de pasión, como su madre. El futuro estaba lleno de posibilidades para él.

Cuando pequeña mi madre nos contó la historia de cómo su madre ayudó a su hermano menor durante la Depresión para que pudiera terminar la carrera de leyes. Perdieron a su madre a una corta edad y como era costumbre en aquel tiempo, los hermanos mayores cuidaban de los menores. Mami contaba que su tío estudiaba con velas. Se graduó, fue profesor de leyes y un autor publicado. La educación siempre ha sido algo muy importante en mi familia. Me encontraba llena de orgullo sabiendo que mi hijo estaba, de alguna manera, listo para comenzar un nuevo capítulo en su vida. Mis padres eran parte de una generación que no creía en dar elogios constantes por cosas que se suponía que debías hacer de todos modos. Yo no; elogié cada esfuerzo, cada logro, incluso los fracasos que lo llevaron a aprender valiosas lecciones. La mayoría de los padres de mi generación creían que los elogios eran una manera fácil de sentir debilidad y pocos deseos de progresar. Me parece una locura.

Cuando llegué a Nueva York todo lo que hice fue resistir mi nueva vida. Peleé cada paso en el camino. Peleé con los empleados del supermercado, peleé con el sistema educativo, peleé por la música, la comida, el clima y hasta mi familia. ¿Y saben cuál fue la ironía de todo esto? Estaba feliz con mi nueva vida. Todos los días celebraba cada una de mis nuevas experiencias y sentí gratitud por eso pero no podía demostrarlo. Pensaba que si comenzaba a bajar mi resistencia, si comenzaba a aceptar mi nueva vida, estaría negando quien era. Me fui de Puerto Rico porque quise nuevas experiencias, no porque no quisiera estar allí. Mis primeros años lloré casi todas las noches, pensando en mi familia y mis amigos y cómo estaban construyendo su futuro allí, rodeados de todo lo que conocían. Estaba tratando de entender mi pasado a la misma vez que comenzaba a desear un futuro aquí en esta tierra extraña, tan cerca de la mía y sin embargo tan lejos. Por supuesto que no sabía lo que me estaba pasando. Me encontré anhelando estas nuevas experiencias mientras aun extrañaba tanto de mi pasado. Este proceso fue más difícil de lo que había anticipado. Quería asimilarme, quería experimentar todo lo positivo que estaba sucediendo a mi alrededor, pero quería hacerlo sin perder mi identidad. Tenía tanto miedo de perderme a mí misma, pero, ¿perderme de qué? Cuando llegué de Puerto Rico no sabía quién era, qué quería o a dónde iba. ¿Por qué estaba peleando tanto este proceso? Temía tanto perder control. Aquí yo no tenía control de nada; estaba asustada. Mi hermano mayor ya estaba aquí pero no podía hablar con él sobre lo que me estaba pasando porque ni yo lo sabía. No fue hasta años después que comencé a darme cuenta de lo que me sucedía. Luchar contra esta nueva vida que amaba ahora era una forma de control. Empecé a aceptar y a celebrar mi nueva vida aquí. Finalmente lo reconozco por lo que fue, una verdadera bendición... ¡Ay Bendito!

La Felicidad Es Opcional, ¿Quién Lo Diría?

Como muchas personas que conozco, pasé la mayor parte de mi vida quejándome de todas las cosas que no tenía y no suficiente tiempo en gratitud por todas las cosas que *sí* tenía. Me costaba trabajo alejarme de esa quejadera por todo. Ahora estoy aprendiendo a pensar diferente, a reaccionar de diferente manera al mundo a mi alrededor. Siendo el ser optimista que soy me hizo pensar que sería fácil poder borrar la negatividad que por tanto tiempo me acompañó, no lo es. No cuando has pasado la mitad de tu vida deseando tener más, deseando estar en otro lugar, deseando que tu realidad fuera distinta. Entonces un día te das cuenta que no se trata de lo que no tienes sino de lo que queda después de cada lección.

No quiero disculparme por la verdad, ya no. A lo largo de este proceso he aprendido a aceptar todas mis experiencias porque sé que es necesario. Me cuesta aceptar algunas experiencias tristes de mi pasado porque tuve unos padres maravillosos. Es como si admitiéndolo borrara todas las cosas buenas que hicieron. Estoy aprendiendo a separar una cosa de la otra; a separar a la persona de la acción. Todavía sigue siendo un reto para mí. Mi terquedad se interpuso y complicó aún más las cosas. No quería cambiar lo que me resultaba cómodo, incluso cuando sabía que me faltaba algo. Es más fácil seguir siendo quien eres, incluso si no eres feliz. Es un comportamiento conocido, así que aceptas tu realidad y sigues adelante. ¿Aceptar algo nuevo? Demasiado trabajo, pensé. Me preocupaba saber que no podía alejarme del dolor y de las disfunciones. En ese momento me di cuenta de que no podía hacer esto por mi cuenta; necesitaba ayuda profesional. Alguien que pudiera ayudarme a organizar mis pensamientos y guiarme a través de este nuevo despertar en mi vida. Humildemente, ahora puedo decir que estoy haciendo espacio en mi vida para la verdadera felicidad. Comienza conmigo; ahora estoy alimentando mi alma, mi espíritu. Siento que necesito ser nutrida, estoy aprendiendo a ser amable conmigo misma. La felicidad es una opción… ¡Ay Bendito!

Ser Madre

Me convertí en madre por primera vez a una edad muy temprana. Decir que no sabía cómo ser madre es quedarse corto. Todo lo que sabía era que esa persona me pertenecía y que yo era responsable por él. Mi camino hacia la maternidad comenzó una mañana de agosto; pensé que sabía lo que era el dolor... ¡ja! Todo el mundo me dice que el mío fue un parto sencillo; mi primer hijo nació cinco horas después de la primera molestia. Mi hijo nació y me habían dado algo para el dolor. Me desperté en un cuarto privado; el moisés de mi hijo a mi lado y todo lo que podía pensar era en lo feliz que estaba de que ya todo había terminado. Me tomó un tiempo olvidar el trauma de parir.

Toda mi vida he argumentado que es mejor tener hijos cuando eres lo suficientemente maduro para asumir una responsabilidad tan grande, tal vez después de los treinta. Mi madre y yo no estábamos de acuerdo en esto; ella decía que debes tener hijos cuando eres joven. Después de muchos años de luchar contra esta premisa, finalmente me convenció. Mi madre tenía razón, ¿de que te sirve que tengas la madurez para ser madre si no tienes la energía para llevar a cabo la tarea? Pero, ¿quién puede decir cuando alguien está completamente maduro para emprender un viaje tan precioso y complicado? Fui bendecida con otro hijo diez años después de haber perdido a Alejandro. Este fue un viaje diferente para mí; fue un embarazo planificado y esta vez me sentía más preparada para ser madre. Se nos concede el milagro más grande jamás visto y no hay instrucciones específicas para el trabajo. Esperas que el amor sea suficiente.

Al principio, siempre estás extenuado. Esos primeros años son un periodo de ajuste para todos. Bueno, el periodo de ajuste nunca cesa; cada paso, cada etapa del desarrollo es una experiencia completamente nueva para ambos. Haces todo lo que puedes esperando lo mejor. Cuando llegan a la etapa de plena autonomía el trabajo se vuelve más desafiante. De repente, ya no estás a cargo, ahora se trata de prestar atención a lo que se desarrolla frente a ti. Un ser humano con sus propias ideas y deseos, una pequeña versión de sus padres. Todo padre quiere poder crear una versión aún mejor de sí mismos. Ahora, las experiencias que nosotros, como padres, percibimos como importantes están siendo categorizadas de manera diferente por el hijo. Por mucho que deseamos que nuestros hijos comprendan y acepten las lecciones necesarias en el momento, es algo que sucede mucho más tarde. Esta etapa normal de desarrollo me pareció dolorosa porque a veces lo veía como una pérdida; como si se estuviera alejando de mí. Lo tomé como algo personal. Nadie te prepara para dejar ir; tener que confiar en el mundo fuera del hogar es una angustia. En ese momento esperar lo mejor no parece ser suficiente.

Ahora que tengo un hijo adulto me parece estar viviendo en uno de los capítulos de su libro; ya no lo estás guiando, al menos no directamente. La enseñanza y el aprendizaje ahora viene de ambas partes. Estoy conociendo a esta persona maravillosa que surgió de mí y ahora está pasando por el mismo proceso por el que pasamos todos cuando llegamos a la edad adulta. Amar la singularidad de una persona es amarlo de la manera correcta. Te amo, Andrés… ¡Ay Bendito!

Traducciones

Vine a Nueva York preparada para dar el cien por ciento de mí, tal como nuestra madre nos había enseñado. Estaba llena de energía y decidida a cambiar mi vida. Estaba bajo la impresión de que estaba receptiva a nuevas experiencias, pero muy pronto me di cuenta de que estaba equivocada. Venía de un lugar que por lo general solo hablaba español. Estudiamos inglés en la escuela y algunos de nosotros estuvimos expuestos a él en casa, pero en su mayor parte, era sólo español. Me encantaba mi clase de inglés y también me encantaba mi clase de español. Siempre he tenido un profundo amor por los idiomas. Me encanta cómo las palabras pueden transmitir algo más que un significado. Al principio, cuando llegué de Puerto Rico, tenía la impresión de que el lenguaje era algo ya establecido. No fue hasta mucho más tarde que me di cuenta de que el lenguaje es algo en constante cambio. Me costó mucho dejar ir todas mis nociones preconcebidas. Cuando tuve la primera oportunidad de traducir un documento oficial me sentí honrada. Me encanta servir como puente entre las diferentes culturas.

En todos mis trabajos aquí en Nueva York me tocó traducir, como a cualquier otro empleado clasificado como bilingüe.

¡Las cosas que vi! Sabía que estaría en desacuerdo con algunas traducciones, pero encontré que era un problema mucho mayor. El mensaje no estaba siendo transmitido, se traducían las palabras pero no las intenciones. Este problema aún existe. Después de darme cuenta de esta dolorosa realización, embarqué en una búsqueda personal de igualdad y de justicia. El dolor alimentó mi arrogancia. Quería convertirme en la voz de tantos que hasta hoy habían creído en un sistema que parecía no preocuparse por ellos. Creo que pasé los primeros años de mi nueva vida aquí luchando contra cada traducción y cada interpretación. Cada institución que, según mis estándares, no cumplía con su responsabilidad de brindarle a la comunidad de habla hispana las herramientas necesarias para navegar a través de los servicios disponibles para ellos. Quería ser su voz, sentí la necesidad de abogar por mi gente.

Tan determinada que estaba y eso no duró mucho. De alguna manera me di cuenta de que estaba enojada todo el tiempo. Me encontré infeliz haciendo algo que siempre me ha gustado hacer. Empecé a entender, y más importante, a aceptar los diferentes sistemas para poder sentirme a gusto con mis aportaciones. Poco a poco, después de que comencé a aceptar las realidades del sistema, mi corazón volvió a disfrutar lo que hacía, totalmente. Todavía lucho. Todavía me importa, pero ahora lo hago de una manera más productiva. Elijo mis batallas, he aprendido a ser más diplomática, pero cada vez que veo una injusticia, intervengo. No puedo evitarlo. Después de todo soy la hija de mi padre.

Esto ha sido y sigue siendo una experiencia de aprendizaje para mí. Se aprende mucho en el proceso. Pero, esencialmente, he aprendido que las traducciones no son sólo las formas receptivas y expresivas de comunicación. También se trata de sentimientos y emociones. Las traducciones involucran a los seres humanos. El proceso implica integridad y compromiso. Uno debe comprender la experiencia completa. La experiencia de la persona que espera encontrar una conexión. Después de estar aquí durante casi 38 años, he visto algunos cambios. He aprendido a aceptar nuevas palabras, todas las nuevas palabras, por más absurdo que parezcan. Traducir es una de mis actividades favoritas. Sigo llevando a cabo esta tarea con mucho respeto; es un compromiso personal... ¡Ay Bendito!

Los Petko

El año era 1985. Los Petko me ofrecieron un hogar en su hermosa casa en Mt. Vernon, NY. Fue allí donde vi una chimenea por primera vez; pero no solo una, la casa tenía cuatro chimeneas en funcionamiento. Incluso ahora, 37 años después, el olor a chimenea me trae hermosos recuerdos. Tenía 22 años, llena de sueños y esperanzas, pero sin idea de lo que quería para mi futuro. Los Petko me guiaron desde el principio. Poco después de mudarme me inscribí en la universidad y trabajaba a tiempo completo. Después que comencé a trabajar ofrecí una cantidad mínima de dinero para contribuir a los gastos del hogar. Elsa y Michael ponían los cheques en el tablón de anuncios en la cocina… nunca los cambiaron. Me dieron una adorable habitación con una gran ventana que daba al patio detrás de la casa. Me encantaba mi cuarto. Elsa me llevaba al trabajo todos los días, (trabajamos en el mismo lugar por un tiempo) y Michael me ayudaba con el trabajo de escuela cada vez que lo necesitaba. Estaba tan lejos de todo lo que conocía pero me hicieron sentir como en casa: Elsa, Michael, Andy, Liz, Cindy y abuela Agnes me rodearon de amor desde el principio. Michael y Elsa fueron pacientes, comprensivos y siempre me apoyaron; estaré eternamente agradecida. Fue aquí, con los Petko donde aprendí habilidades necesarias para navegar la vida como todo un adulto.

Un día Michael me dijo que íbamos a una finca en el norte del estado para cortar el árbol de navidad de la familia. Vengo del Caribe, donde casi todo el mundo tiene un árbol artificial porque puede estar a 90 grados en diciembre. Todavía puedo recordar el viaje, la nieve, el olor a pino. Caminamos un rato buscando un árbol, pero no cualquier árbol; Michael era muy particular al respecto. Sabía qué tipo de pino quería y disfrutaba todo el proceso. Finalmente, después de beber chocolate caliente y jugar en la nieve por un rato, nos dirigimos a la casa de los Petko con, en mi opinión, el árbol más hermoso. En la casa, después de colocar el árbol en su base, Michael comenzaba a poner las luces. Esta no era una tarea común y corriente. Michael colocaba cientos de luces, todas colocadas perfectamente en ese árbol de navidad de 9 pies de altura. ¡Todo un espectáculo! Una vez que terminaba se sentaba a admirar su trabajo; todavía no he visto un árbol de navidad tan especial como ese.

Luego venía la famosa fiesta de adornos de los Petko. ¡Un evento épico! Elsa y Michael invitaban a familiares y amigos a su casa para hacer adornos navideños todos los años. El comedor parecía una sección de la tienda *Michaels®*: brillo, pega, marcadores, ojitos plásticos, palitos de helado, cintas, cascabeles… se percibía la magia. Cada invitado tenía que dejar un ornamento para ellos ponerlo en su árbol de navidad; esto siempre me hizo sentir especial.

Podría seguir escribiendo sobre mis experiencias con los Petko. Me siento agradecida por tener la oportunidad de decirles cuanto amé y aprecié mi tiempo con ellos. Es difícil encontrar una relación tan fuerte como ésta; Elsa y Michael fueron verdaderamente almas gemelas. Fui testigo de su amor por cada uno, por sus hijos, su comunidad y a todos los que conocían. Elsa, mientras lees esto, sé que Michael está ahí, a tu lado. Realmente creo que no podría estar en ningún otro lugar que no fuera al lado del amor de su vida. Esta fue una verdadera historia de amor. Me enseñaron a disfrutar de las cosas pequeñas de la vida y a nunca dar por sentado todas las cosas maravillosas que este mundo tiene para ofrecer… ¡Ay Bendito!

Papi

Sixto Joaquín Torres Berríos, nació el 9 de septiembre de 1932 en el barrio Quebrada Grande en Barranquitas. Cuando mi padre nació el papel del padre era claro: proveer y proteger a la familia. En aquellos tiempos se trataba principalmente de supervivencia. La familia de mi padre tenía algunas tierras donde la mayoría de ellos trabajaban como agricultores. Tenían suficiente, pero se notaba que estaban viviendo durante la Gran Depresión. Tener un hijo en aquel momento probablemente no era una buena idea, pero el control de la natalidad era un concepto remoto en ese entonces. En todo caso, muchos veían el embarazo como una bendición. Mami nos contaba historias que su madre le relataba sobre mujeres que pasaban días de parto sin nada para el dolor, sin contar el numero de mujeres que morian de parto. ¡Qué valientes!

El padre de mi padre, abuelo Antonio, murió a los treinta años después de sufrir un ataque de asma. Dejó una joven viuda y dos niños pequeños. Creo que escuché decir que mi abuela tenía 27 años. Mi padre tenía apenas cuatro años y su hermana, Titi Casilda, tenía ocho o nueve años. Todos los que conocían a la familia sentían pena por ellos. La joven viuda sucumbió a la depresión. Ahora tenía dos niños pequeños y ninguna habilidad para sobrevivir por sí misma. Personas que conocían a la familia dicen que ella comenzó a tomar para calmar el dolor de su realidad. Los familiares cercanos ayudaban con los niños cada vez que ella no podía cumplir con sus obligaciones, lo que ahora sucedía con frecuencia. Escuchamos historias sobre ella cuando éramos jóvenes: que nunca se volvió a casar y que estaba deprimida todo el tiempo. Los parientes cercanos ahora cuidaban a los niños, pero siempre que alguien los disciplinaba ella se ponía furiosa. Nunca responsabilizó a mi padre por ninguna de sus acciones. Papi era tan joven... probablemente ella sintió que lo estaba protegiendo. Papi sabía muy bien que su madre lo rescataría cada vez y pasó por la vida con un falso sentido de derecho. Nunca supo lo que era ser responsable por sus acciones hasta mucho más tarde. En ese momento, la mayoría de la gente sabía que mi abuela sufría de alcoholismo. Mi padre siguió saltando de una casa a otra, de una familia a otra hasta que tuvo la suficiente edad para enlistarse en el ejército. Cada vez que se metía en problemas en una casa se mudaba a la siguiente; nadie le impuso ningún tipo de consecuencia porque todos le tenían pena al niño que se estaba criando sin sus padres.

Papi siempre tuvo sed de conocimiento. Siempre se destacó académicamente. Pasó sus años escolares con muy poco apoyo. Cuando tenía siete años, alguien le dijo a mi abuela que ya era hora de inscribir a mi padre en la escuela. Lo llevó a la escuela local y le dijo a la maestra, "aquí traigo a este a ver si aprende algo". Para su graduación de noveno grado, (donde fue la nota mas alta) le escribió una carta a uno de sus tíos en Nueva York pidiéndole un par de zapatos. Su tío le envió los zapatos pero una talla más pequeña; cuando llegó a la ceremonia de graduación sus pies estaban sangrando. Nadie estuvo allí para celebrar con él. Tenía tanto potencial, pero nadie que lo guiara por la vida. Papi se había criado rodeado de familia pero estaba solo. Nadie preguntó, nadie sabía si estaba bien. Fue producto de un trauma que lo acompañó durante toda su vida.

Recuerdo haberle preguntado a mi padre sobre su padre, pero en realidad él tenía muy pocos recuerdos. Recordaba cómo después del funeral todos se reunieron; la casa llena de gente, todos mirándolo y llorando. Muchos dicen que mi abuela nunca se adaptó a vivir sin mi abuelo. Empezó a beber cada vez más para poder hacerle frente a su nueva vida. En aquellos tiempos, beber era algo común entre los hombres, pero para una mujer era un tabú. La familia se preocupaba por ella pero nadie pudo ayudarla a sobrellevar el dolor que dejó esta pérdida. Escuché historias maravillosas de mi abuelo: un hombre trabajador, honesto, muy generoso y amaba a su familia… una buena persona. La vida de mi padre estuvo llena de retos. Principalmente porque en realidad nunca procesó ninguna de sus pérdidas. Amaba a su madre, pero sabía que ella era limitada y terminó tratando de cuidarla. Mi padre quería desempeñar el papel de patriarca de su familia ahora, pero no siempre supo como hacerlo. Papi tenía este increíble amor por la vida, aunque claramente sufrió de depresión no diagnosticada. Viajó por Europa con el ejército, fue a Panamá, República Dominicana y muchos estados de la nación. Tuvo una serie de trabajos que apenas cubrían los gastos del hogar. Cada trabajo que aceptó lo hizo bien, todos lo querían y disfrutaba estar rodeado de gente. Pero cada trabajo venía con fecha de expiración; parecía que no podía permanecer en un lugar por mucho tiempo. Después que terminaba en un trabajo venian periodos de depresión; se esforzó mucho, pero para el resto del mundo no se estaba esforzando lo suficiente.

Algunos podrían decir que cuando papi murió no tenía nada. Escuché decil que tenía tres dólares en el bolsillo. Esto solía ser una fuente de tristeza para mí, pero ahora no. Mientras escribo, sonrío porque sé la clase de persona que fue mi padre. Papi era una persona muy cariñosa, inteligente y con un corazón de oro. Siempre defendiendo al más débil, siempre luchando por la justicia. Su vida llena de retos nos enseñó sobre la empatía, nos enseñó sobre la compasión, nos enseñó sobre el amor. Hacía amistades tan fácilmente. El día que lo enterramos vi a hombres llorar como niños. Llegó un mar de gente a despedirlo… yo digo que papi al morir tenía mucho… ¡Ay Bendito!

Mami

De niña, cada vez que me pedían información sobre mi madre, la respuesta era: *Nombre*: Josefa Díaz Vélez. *Ocupación*: ama de casa. Para mí, significaba que ella no tenía trabajo, no ganaba dinero y que era responsable de toda la casa y de todos los que vivían en ella. En mi casa todo estaba en su sitio; mami cocinaba, limpiaba, iba de compras, lavaba la ropa, planchaba, se reunía con nuestros maestros y asistía a todas las actividades especiales y graduaciones. Se aseguró de que hiciéramos la Primera Comunión, visitaba a sus padres y otros parientes y se aseguró de que también visitáramos a nuestra familia por parte de padre. Enviaba postales de navidad, cuidaba niños del barrio de vez en cuando, visitaba a los enfermos y le brindaba apoyo a quien lo necesitara.

Tan pronto me di cuenta de que esto era demasiado para una sola persona, me ofrecí a ayudar en la casa: quehaceres, ayudar a mis hermanos con sus asignaciones y proyectos especiales, etc. Nada de lo que hacía me parecía suficiente; éramos cinco hijos y mi madre tenía mucho trabajo. Mi padre trabajó como taxista por las noches durante un tiempo. Mi mamá no solo tenía que cuidarnos casi sola, sino que también tenía que asegurarse de que estuviéramos tranquilos durante el día porque mi padre estaba descansando para irse a trabajar en unas horas. Imagínense el estrés. Mi hermano mayor ya estaba ganando algo de dinero en un trabajo de tiempo parcial después de la escuela, lo que ayudaba. Continuamos asumiendo más responsabilidades a medida que pasaba el tiempo. Ya podía ir a la tienda, podía ayudar a lavar la ropa y me aseguraba de que mis hermanos menores llegaran a tiempo a la escuela y al catecismo. Forraba todos los libros el primer día de clases y servía de tutora cuando era necesario. También revisaba el trabajo de mis hermanos menores después de haber completado mis asignaciones. Asumí todas estas responsabilidades por mi cuenta. Sí, mi madre necesitaba ayuda y estaba feliz de recibirla, pero nunca nos hizo sentir que teníamos que hacer las cosas que hacíamos.

Recuerdo haber visto llorar a mi madre unas pocas veces junto a la ventana del cuarto de mi hermano que daba a la calle. Una vez le pregunté si estaba bien, y después del susto de darse cuenta de que me había preocupado, inmediatamente se secó las lágrimas y con una gran sonrisa me contestó que todo estaba bien. Mis padres discutían por diferentes razones: finanzas, estilos de crianza e incluso política, pero el dinero siempre fue la razón principal de las discusiones. Para entonces yo estaba pasando por la adolescencia y todo lo que conlleva: rebeldía, inseguridades, arrebatos emocionales, falta de respeto y DRAMA. ¡Ay, qué mucho drama! Mi historia podría haber sido el guion perfecto para cualquiera de las telenovelas que veíamos de noche, como *La Zulianita*. Las telenovelas estaban llenas de sufrimiento, malentendidos, promesas rotas, traición y mucho más, pero siempre tenían un final feliz. Así que, durante mucho tiempo viví mi vida con la impresión de que todo iba a estar bien. Mami ni siquiera sabía lo que me pasaba; mantuve buenas notas, no me metí en problemas y continué siendo lo más útil posible. Todos sabíamos que nuestros padres nos amaban infinitamente y que estaban tratando lo mejor que podían de darnos una buena vida.

Como la vida no había sido lo suficientemente difícil, mi madre enviudó a los 53 años. No estaba preparada y ahora con el corazón destrozado tenía que continuar desempeñando su papel como madre, sola. Para ese entonces todos estábamos fuera de la casa con excepción de mi hermano menor que acababa de cumplir 19 años. Mi pobre madre debió haber estado llena de temor e incertidumbre. El primer año después de la muerte de mi padre todavía estábamos en estado de shock, tratando de sobrevivir a esta nueva realidad. No recuerdo mucho de ese primer año; le pregunté a algunos de mis hermanos en busca de respuestas pero, al igual que yo, todos sus recuerdos también eran vagos. El dolor era demasiado. Mami se quedó en Puerto Rico y aunque estaba rodeada de sus hermanos, sobrinos y amigos se sentía sola. La abrupta partida de mi padre resultó ser demasiado fuerte para todos nosotros. Después de intentar una vida por sí misma, se dio cuenta de su verdadero propósito, viviría una vida de servicio. Mami dedicó el resto de su vida a ayudar a los demás. Todos nos beneficiamos de ella hasta el final, pero durante mucho tiempo me pregunté si era feliz. Con el paso del tiempo me di cuenta de que ayudar a los demás era lo que le daba más alegría. Después de un tiempo mami decidió venir a Nueva York para estar más cerca de mi hermana y de mí; le encantaba el clima aquí y se sentía útil. Dio la bienvenida a muchas experiencias nuevas y, después de un tiempo, el Nueva York que tanto amaba se convirtió en su nuevo hogar.

En julio del 2017 estaba en una conferencia en Westchester, NY, con una colega y amiga cuando recibí la llamada que cambiaría mi vida para siempre. Era el médico de mi madre con los resultados de una biopsia: cáncer. Habíamos acabado de llegar de un viaje a la isla donde celebramos el cumpleaños número ochenta de su hermana, Titi Cuqui. Mami se veía tan bien, tan fuerte, tan saludable. Apenas llegamos se quejó de una molestia e inmediatamente supe que se trataba de algo serio ya que mi madre nunca se quejaba. Después del golpe inicial, comenzamos a investigar tratamientos; todos creíamos que ella podía ganar esta batalla. Mami tenía 82 años, pero estaba en excelente forma. Ella confió en su equipo médico y aceptó seguir el tratamiento recomendado para el tipo de cáncer que tenía. Esto tuvo que haber sido muy difícil para ella; solo escuchar la palabra cáncer es suficientemente traumático, pero nunca lo demostró. Sus doctores recomendaron tres rondas de quimioterapia agresiva con la esperanza de poder reducir el tumor lo suficiente como para poder removerlo. Esto estaba resultando demasiado para ser procesado. Fui bendecida de tener muy buenas amigas, que luego se convirtieron en mis ángeles guardianes a través de esta prueba. Cada una de ellas había tenido un familiar que había pasado por tratamientos similares y me pudieron preparar para lo que venía. Siempre estaré agradecida porque siendo ellas mismas, me dieron fuerzas para enfrentar esta nueva experiencia.

Mami se puso su armadura invisible mientras la preparaban para el tratamiento: análisis de sangre, radiografías, MRI, y un dispositivo implantado en su pecho, un puerto, para administrar el veneno que le prometía alivio. Mami nunca se quejó. Siempre había sido una guerrera y sabía que esta iba a ser una batalla dura. Unas semanas después de ser diagnosticada, mami comenzó su primera ronda de quimioterapia. Recuerdo cada hora de cada día que pasamos en el centro donde recibió su tratamiento. De inmediato el personal de la clínica de Montefiore en el Bronx se convirtió en parte de la familia; todos los pacientes siempre recibieron un mar de profesionalismo, amor y compasión. Estábamos llenos de gratitud. Aunque mami vivía a pocas cuadras de nuestra casa, decidió quedarse con nosotros hasta que terminara su tratamiento. Nunca regresó a su hogar.

Al principio estaba tratando de hacer malabarismos con el trabajo y el tratamiento de mami, pero no pasó mucho tiempo cuando comprendí que era mucho para mí. Había estado teniendo síntomas de depresión antes del diagnóstico de mami, pero nunca le presté la atención necesaria. Esta vez supe que tenía que hacer algo al respecto para poder seguir apoyando a mi madre y hacer mi trabajo. Justo en medio de este evento tan traumático me diagnosticaron con depresión y ansiedad. Tuve que aceptar el hecho de que ya no podía trabajar, al menos no por ahora; esto fue difícil. Me sentía culpable todo el tiempo porque ya no podía hacer todas las cosas que quería y tenía que hacer. Necesitaba estar ahí para mi madre porque sabía que este iba a ser un viaje duro. Tuve la suerte de haber tenido suficiente tiempo de enfermedad acumulado en el trabajo; esto me permitió lidiar con mis nuevas condiciones de salud mental. Con la ayuda de medicamentos y terapia pude manejar este periodo de tiempo. El apoyo que recibí de parte de mi supervisora y mis colegas fue alentador. Todo lo que podía hacer ahora era concentrarme en mi madre y continuar apoyándola y amándola lo más posible. Aunque era yo quien la llevaba a sus tratamientos, realmente fue un trabajo en equipo. Mi hermana se ocupó de la casa y cada uno de mis hermanos, mi hijo y mi sobrino compartieron el resto de las nuevas responsabilidades que vinieron con la enfermedad. Desde un principio me aseguré de que la familia estuviera al tanto sobre la condición de nuestra madre. Siendo parte de una familia tan numerosa, todos los días estábamos hablando por teléfono con algún familiar o amigo expresando su amor y sus buenos deseos. Con el permiso de mi madre, creé una cadena de contactos y cada dos o tres días escribía para dejarles saber sobre su condición. Pudimos sentir la energía amorosa de tantas personas de diferentes partes del mundo.

La primera ronda de quimioterapia pasó sin incidentes. Mami siempre había sido una persona muy práctica. Siguió todas las instrucciones médicas; no hablamos mucho de eso, pero sabíamos que ella sabía que algo serio estaba pasando. Hasta el final, ella tomó todas las decisiones con respecto a su condición. Las amplias salas de tratamiento estaban divididas en cubículos con todos los muebles necesarios para garantizar la comodidad de los pacientes. Un sillón reclinable grande, una silla adicional, una mesa y un televisor de pantalla plana. Además, proporcionaban almohadas, colchas e incluso, meriendas. Había todo tipo de personas en cada cubículo: hombres, mujeres, almas jóvenes y ancianos, todas rezando por un milagro, como lo estábamos nosotros. Nos preparamos para todos los desagradables efectos secundarios de la quimioterapia, pero para nuestra sorpresa, esta primera ronda no le impidió hacer todas las cosas que amaba hacer. Mínimas molestias, no se le había caído el pelo, un poco cansada pero no era gran cosa. Sé que todos respiramos profundo por un breve momento.

La segunda ronda de tratamiento dejó a mami con efectos secundarios visibles. Empezó a perder el pelo, su apetito había disminuido y ahora necesitaba ayuda todo el tiempo. Esto sucedió tan rápido que ninguno de nosotros estaba preparado para enfrentar esta nueva realidad. Mami concluyó su segunda ronda de quimioterapia y cuando comenzó su tercer ciclo de tratamiento, estaba bastante débil. Para entonces la casa estaba llena de gente todo el tiempo. Tres de sus hermanas vinieron de diferentes partes del país, primos y otros familiares y amigos se presentaron llenos de amor y dispuestos a ayudar en lo que fuera necesario.

No estoy segura de cómo mami pudo recibir la ronda final de quimioterapia. Ya necesitaba una silla de ruedas para ir a sus citas. Se mantuvo callada la mayor parte del tiempo, pero ahora cuando hablaba comenzó a tener dificultad. Su voz era débil; sus hermosos ojos se veían cansados. Llevé a mami a su última cita con el oncólogo donde escuchamos al médico decir que la quimioterapia había reducido el tumor pero no lo suficiente para operar. Eso fue todo... no más tratamiento, ya no había esperanza alguna. La refirieron a un médico paliativo que manejaría su dolor para asegurarnos de que estuviera cómoda. En cuestión de horas recibimos la visita de una trabajadora de *Hospicio*; ahí fue que me di cuenta que el tiempo de mami con nosotros estaba llegando a su final. Todavía estábamos esperando un milagro, ¿por qué no? Luego vino la cama de posición, los tanques de oxígeno y la morfina. En un abrir y cerrar de ojos, mami empezó a perder la consciencia; ya no comía ni estaba tomando líquidos, marcando así el principio del fin. A estas alturas, el cuarto de mami estaba lleno de gente todo el tiempo. Tocamos su música favorita, cantamos canciones de la iglesia y sus hermanas se turnaron para hacer el rosario, orar por ella, alimentarla, bañarla y asegurarse de que estuviera cómoda. Nos aseguramos siempre de que nunca estuviera sola. Se comenzó a transformar en un ser angelical; la energía era todo amor y eso nos dio un poco de consuelo. También nos turnamos para llorar, anticipando su partida y lo mucho que la íbamos a extrañar; después de cada ataque de llanto venía esta sensación de paz. Tantas personas vinieron a despedirse; trajeron flores, comida, postres, frutas frescas y hasta nos ayudaron a decorar la casa para honrar la época favorita del año de mami.

El 18 de noviembre, solo cuatro meses después del diagnóstico inicial, mientras nos preparábamos para cubrir el turno de la noche, mami dió su ultimó suspiro. Estaba rodeada de seres queridos mientras hacía la transición a su vida espiritual. Pudimos percibir una sensación de verdadera armonía mientras nos turnábamos para tocarla y besarla por última vez. Sus restos fueron colocados en una caja junto a los restos de mi padre en Barranquitas. Ahora, casi cinco años después, puedo hablar de esto sin la pena que me consumió durante tanto tiempo. La terapia me ayudó a lidiar con la muerte de mami, pero la familia y los amigos me ayudaron a concebir una vida sin ella. Esto es algo que sucede sin tu consentimiento; no tienes más remedio que seguir adelante. El legado de mi madre se ha convertido en el núcleo de mi existencia. Yo también quiero vivir una vida de servicio; así es como me siento conectada a ella. Todos los días me levanto con el corazón lleno de gratitud porque tuve la oportunidad de conocer a mi madre, como se conoce a una gran amiga. No tuve esa oportunidad con mi padre. El amor de mi madre sigue siendo una parte esencial en mi vida y honrar su memoria me acerca aún más a ella. Ay, cómo te extraño, mami… ¡Ay Bendito!

Soy Un Ser Espiritual

Mientras más escribo, más fuerte me siento. Estoy aprendiendo la importancia del cuidado personal. Estoy aprendiendo a amar todas las cosas que han hecho de mí lo que soy hoy... y eso no es tarea fácil. Estoy en medio de una reflexión y, sin fallar, encuentro una culpa, una excusa, para justificar todo lo que está mal en mí y que me impide verme como un ser espiritual divino. Obviamente, sé que ciertas cosas sobre mí son especiales, pero nunca hubo un fuerte lazo entre lo físico y lo espiritual en mi vida. Ahora es que vengo a prestarle atención plena a mi espiritualidad. Ahora es que comienzo a entender que siempre he estado guiada por algo que no entendía, pero que necesité para poder navegar por la vida con amor, con paz y prosperidad. Hoy trato de ser la mejor versión de mí misma. Nunca antes exploré esta parte de mí; viví consciente de que tenía que ser una buena persona y pensé que eso era suficiente. Me crié católica, siempre rezando y pidiéndole a espíritus que no conocía. No culpo a la religión; este es un proceso sumamente individual.

Vengo de una familia muy grande y tengo muchas relaciones cercanas con muchos de mis familiares; esto es algo que nunca cuestioné. Vamos por la vida cargando con relaciones que heredamos; siempre algunas significan más que otras. Quiero creer que siempre he permitido sentir la conexión pero estaría mintiendo. La conexión pasó porque estaba de pasar pero jamás cuestioné el porqué. Ahora que estoy reflexionando sobre todo en mi vida pienso detalladamente en las circunstancias que nos llevan a sentirnos más unidos espiritualmente con algunas personas. ¿Será el respeto mutuo? ¿Será sentirse validado? ¿Será haber compartido experiencias? Sí y no... entiendo la mayoría de mis relaciones, pero me molesta que no hay un patrón de conducta. ¿Qué nos une? ¿Qué nos separa? Me gusta creer que he estado rodeada de almas extraordinarias; almas que, como yo, están en una búsqueda. Llegar a este punto de mi vida espiritual ha sido un proceso bastante difícil. El temor que le tuve es el temor que se siente cuando desconoces de algo.

Empezar a explorar mi espiritualidad es una cosa, ahora me toca saber cómo vivir mi vida tratando de borrar información que ya no necesito. Suena como una gran responsabilidad, y tal vez sea esta la razón por la cual no exploré esto en el pasado. Me gusta saber que siempre he sido parte de un plan más grande, y no estoy hablando de religión necesariamente. Estos conceptos solían asustarme porque para una controladora empedernida como yo permitir que la energía dicte mis respuestas ha sido y sigue siendo un gran reto. Estoy aprendiendo a poner mis diferentes energías en diferentes compartimentos en mi vida. Estoy aprendiendo a confiar más en el proceso, aun cuando no lo entienda por completo... ¡Ay Bendito!

Mi Muro De Gratitud

La mayoría de las víctimas de trauma aprenden mecanismos de defensa para poder sobrevivir. Creo que aprendí sobre el control a una temprana edad. Para mí fue una de las formas más fáciles de lidiar con la ansiedad. La idea es que puedes hacerlo todo por tu cuenta pensando que también puedes controlar los resultados. Siempre he sido muy organizada; mi madre me elogió por esto todo el tiempo. Mis juguetes, la parte de mi cuarto, mis materiales escolares y mis notas. Como a la mayoría de los niños, me encantaba ser elogiada. También ponía a mis padres contentos, ambas partes ganábamos. Comencé a hacer la conexión, ¿qué pasa si trato de controlar otras cosas? Y aquí comenzó este círculo vicioso.

Ya para cuando estaba en la escuela superior pensaba que tenía algo de control sobre mi vida. Tenía buenas notas pero no era lo suficientemente disciplinada. Me gradué de la escuela superior pero no estaba preparada para el próximo capítulo en mi vida: la universidad. Tomé los exámenes de admisión como todos en mi clase, pero no recuerdo haber estudiado o haberme preparado para una puntuación en específico. No había hecho la conexión; la vida me estaba pasando por encima y pensé que tenía el control en ese momento pero, por supuesto que no. Cada vez que algo inesperado sucedía, y cuando digo inesperado, me refiero a algo que no me gustaba, culpaba al mundo y a todos los que estaban en él. Mi plan para mantenerme en control estaba fallando; no sabía hacia dónde iba y la vida siguió empujándome. Me di cuenta de que no estaba viviendo mi vida; estaba reaccionando a cada decisión tonta que había tomado o que no había tomado. Para entonces, había perdido un hijo, había abandonado mis estudios universitarios, me había divorciado y dejé la patria en busca de algo más que controlar. ¿Qué estaba pensando? ¿Qué sabía yo del trauma? ¿Qué sabía yo de círculos viciosos y patrones enfermizos? Mis padres fueron testigos de lo fuera de control que estaba y trataron de dirigirme, pero mi terquedad estaba en todo su apogeo. Mi madre solía decir que hay personas que, sin mucha dificultad, aprenden de sus errores enseguida mientras que otros siguen cometiendo errores una y otra vez. Ella creía que las personas nacen de esa manera, por lo que es más fácil para algunos vivir la vida con una poca cantidad de consecuencias negativas. Naturaleza versus Crianza. (Esto es tema para otra lectura).

Sé que nacemos con rasgos particulares que determinan, entre otras cosas, nuestra personalidad. Lo que he aprendido, (a la mala) es que la crianza juega un papel muy importante en nuestro desarrollo general. En aquel entonces nadie hablaba de esto, al menos nadie en mi círculo inmediato. El niño que no es capaz de procesar todas las experiencia negativas sigue generando experiencias negativas. No quiero admitir que tuve que pasar por tantas dificultades para convertirme en quien soy hoy. La respuesta es complicada pero la estoy entendiendo. Esta soy yo, asumiendo la responsabilidad de mi vida. Ahora que tenía esta batalla en mi cabeza, me pregunté si podría dejar atrás todo lo que me había hecho ser quien soy. Dejar ir es una cosa, pero reinventarse es una tarea demasiado difícil como para tan siquiera concebirla. A pesar de haber resistido el proceso hasta el final, los cambios llegaron sin mi permiso. Algo estaba pasando y no tenía más remedio que seguir la corriente.

Ahora busco armonía, y con esto viene la necesidad de mirar dentro de mí misma para determinar la necesidad de cambio; es algo difícil pero completamente necesario; una parte inevitable del proceso. Todavía estoy luchando por aceptar cosas de mi pasado mientras trato de crear nuevas experiencias saludables para balancear mi interior. Estoy aprendiendo sobre la energía de las cosas y que viene de adentro, cuando empiezas a soltar el control. Fácil, ¿verdad?

Pienso en mi madre y todavía me cuesta trabajo creer que vivió una vida tan limitada. Ella creció siempre sintiéndose agradecida. Qué afortunada. Cuando hablaba de su crianza siempre sintió orgullo de su pasado, como si haber sobrevivido aquellas experiencias hubiese sido un gran logro. En verdad lo fue. Mami nos contaba que usaban latas vacías de sardinas para hacer carritos. La lata de galletas *Rovira Export Soda®* era el recipiente perfecto para guardar arroz. Toda lata, todo recipiente, toda cajita tenía múltiples usos. Todo tenía valor. También pienso en todos los retos que tienen otras personas en otras partes del mundo, por ejemplo donde hay conflictos políticos y pobreza extrema. Familias viviendo en constante miedo, siempre de luto por alguna pérdida; sabiendo que es posible que nada mejore pronto. Por supuesto que cuando pienso en esto me siento sumamente agradecida pero, ¿es esto suficiente? Para mí, la vida se había convertido en una búsqueda sin sentido por que solo existía en el interior. Este cambio necesario fue y sigue siendo un gran reto para mí, pero llegó para quedarse. No puedo volver atrás, no quiero volver atrás.

Ahora me levanto y me acuesto llena de gratitud. Estoy aprendiendo a valorar otras cosas. El valor de las cosas ahora solo depende de cómo me hacen sentir, emocionalmente. Estoy aprendiendo a rechazar esas recompensas inmediatas que no son saludables. Dejar ir el resentimiento por algunas de mis experiencias pasadas no ha sido fácil para mí, pero estoy aprendiendo a navegar a través de estas experiencias para llegar adonde quiero llegar. Finalmente tenía un camino claro para llegar a conocerme a mí misma. Parte de mi búsqueda fue llegar a comprender y aceptar que no estoy definida por lo que me sucedió a mí o a mis antepasados. Estoy poniendo todas mis experiencias, cada una de ellas en mi muro de agradecimiento; todas merecen estar ahí. No siempre sé porqué, pero todas son parte de mí, directa o indirectamente. Mientras más temprano comencé a aceptarlo, mejor me sentía. Todavía estoy aprendiendo a estar presente, en el momento, en cada momento; ese momento especial, creado por una gran cantidad de experiencias interconectadas. Estoy agradecida porque estoy aprendiendo a controlar mis realidades… ¡Ay Bendito!

Made in the USA
Middletown, DE
23 April 2024

53287142R10066